JN437955

________________________ 님께 드립니다

2011년 월 일

심서섭

서정시선 ● 12

빛바랜 일기장

지은이 | 심서섭
펴낸이 | 윤송석
편 집 | 차영미
펴낸곳 | 서정문학
초판 · 펴낸날 | 2011년 9월 30일
주 소 | 서울시 영등포구 문래동1가 39 센터플러스 910
전 화 | 02-720-3266 · 070-7760-3091
홈페이지 | http://www. seojugmunhak.com
http://cafe.daum.net/seojungmunhak.com
이메일 | sjmh1@hanmail.net
등 록 | 2007. 12. 18

ISBN 978-89-94807-04-1 03040
정가 10,000원

빛바랜 일기장

심서섭 제2시집

서정문학

글 쓴 사람의 말

이 글들은 시도 수필도 아니다. 그저 아무렇게나 써 본 넋두리다.
그것을 시집이라 이름 붙였으니 가소롭지 않은가.
일기랍시고 써 온 것이 벌써 52년.
철펜으로 잉크 찍어 쓰기 시작한 것이 지금도 그대로다.
구태를 벗지 못하는 뒤떨어진 사람이다.
물론 매일매일 쓰지도 못했다.
빛바랜 노트들이 나 살아온 모습처럼 초라하게 쌓여간다.
폐지로 처분하기 아쉬워 1972년~1999년의 기록들을 몇 장 추려
책으로 엮었다.
부끄러운 일인 줄 알면서도…….
1959년~1971 년의 기록은 제1 시집에 더러 실려 있다.
2000년도부터는 다음 기회에 실을 계획이다.
8월 13일로 이 생활을 시작한 지 만 42년이 된다.
농업을 천직으로 알았던 촌놈이 서울에 와서 기술이랍시고
배워 지금까지 써 먹고 있는 것이다.
기술이라고 배웠으나 아직도 기본 원리조차 모른다.
또 더 깊이 배우려 노력하지도 않았다.
그러므로 항상 남들에게 뒤떨어져 있다.
또 직장생활에 충실하지도 못했고.
좋은 운을 타고 났는지 친구, 선배님들이 이끌어 주셔서
42년 동안 단 2개월 놀았을 뿐이다
지금 60대 후반 정년퇴직을 했어도 7~8년은 되었을 나이인데

성현국 사장님과 김영진 공장장님의 많은 이해와 도움으로 직장생활을 계속하고 있다.

이 글을 통해 다시 감사드리며 건강이 허락하는 때까지 일하고 싶은데, 벌써 몸 여기저기서 낡은 소리가 들린다.

첫 직장이었던 국제전기.

젊은 시절 12년 반을 보낸 곳이다.

또 여러 선배님들 동료들을 만난 곳이다.

자의 아니게 헤어진지 29년이 되었다. 그동안 안타깝게 타계하신 분들도 많이 계시고 생존하신 분들도 뵙기 어렵다.

친목모임이라도 있었으면 하는 아쉬움 크다.

잊지 못할 많은 분들의 건강을 기원한다.

일기는 왜 쓰는가? 무슨 필요가 있는가?

나 자신에게 질문해 볼 때도 있다.

나의 발자취를 내가 기록한다는 것.

가끔씩 뒤돌아보며 삶의 의미를 생각해 보는 것도 가치 있는 일이라 생각된다. 또 어떤 어려운 상황에서 큰 도움이 되기도 한다.

나는 그것을 절실히 겪었다.

앞으로 주어진 시간 동안 오른손이 움직여지는 한 계속 쓸 것이다.

철펜으로 잉크 찍어서!

신묘년 여름 수리산 아래서

심서섭

CONTENTS

제1부 1972~1979년

제2부 1980~1989년

CONTENTS

제3부 1990~1999년

제4부 못다 한 이야기들

제5부 그리운 얼굴들, 정겨운 그 필적들

제 1부

1972년~ 1979년

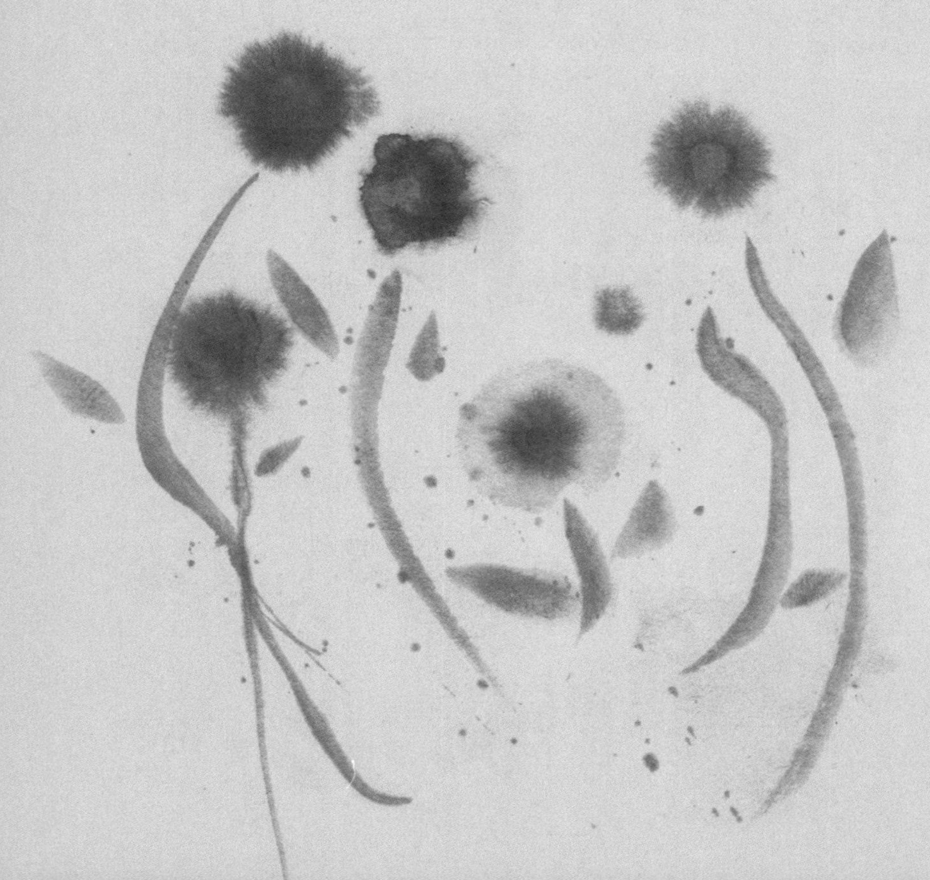

시련과 고난의 세월
철없이 준비 없이 시작한 결혼생활은
많은 어려움이 따랐다.
행복이란 다른 사람들만의 것이었다.

밤 늦도록 잔업을 하지 않으면
세 식구 생계도 어려웠다.
몸도 마음도 시들어 갔다.

다시 출발하는 삶의 여행

결혼은 제2의 탄생이라고 한다
또한 그것은 내가 선택한 길이다
첫 번째의 탄생은 창조주의 뜻이지만 두 번째는
나와 반려자의 뜻이며 권리이다
그것은 사람의 일생 중에서 가장 중요한 선택인 것이다
인생이라는 연극은 예행연습이 없는 단 한 번의 무대이기 때문이다

1972년 11월 10일 오후1시
청량리 허름한 결 혼식장
아침에 때 이른 첫눈이 포근하게 내렸다
하늘이 축하해 준 것인가?
겨울로 들어선 계절이지만 화창한 날씨였다

결혼식 시간이 어떻게 지나갔는지 모르겠다.
고향의 은사 남궁황 선생님의 말씀도 머릿속에 남아 있지 않고
꿈속을 헤맨 것 같다

마음 한구석은 무겁기도 하고 한없이 설레기도 했다
결혼생활은 애정도 중요하지만 현실이 더 중요하다는데
무능한 내가 소꿉장난처럼 시작하는 건 아닌가?
또 나의 반려자를 얼마나 이해하고 진심으로 사랑하고 있는가?

인생이 무엇인지 아무것도 모른 채
아무 준비도 없이 성큼 여행길에 들어선 것이다

고독했던 세월 쌓인 회한 모두 묻어두고
행복의 땅이 어디 있는지 몰라도 굳건히
거치른 물결을 헤쳐 나갑시다.

병마에 시달리며

병마가 심신을 사로잡았다
계속되는 심야작업 토요일 철야작업
월급봉투 조금이라도 불리려면 그 길밖에 없고
또 안 할 수도 없었다
납기를 맞추기 위해서는 피곤해도 해야 했다
어쩌다 볼일이라도 있으면 반장님께 통사정을 해야 한다
또 잔업이 없으면 세 식구 생활도 어려운 월급이었다.
그래서 몸 생각할 여유 없이 잔업을 하는 것이다

그러던 어느 날 기침이 심하게 나고 가래가 끓어
동네 의원을 찾았다
증상을 듣고 청진기를 가슴 여기저기 대보더니
시내 X선과에 가보라고 한다. 폐에 이상이 있는 것 같다고
가슴이 철렁했다

X선 검사결과 폐결핵이라고 한다
영양부족과 과로가 원인이므로
쉬면서 영양보충 잘하고 1년쯤 약 먹으면 낫는다고 한다
너무 걱정하지 말라는 격려의 말까지 해준다.
조금은 위안이 되지만 하늘이 노랗게 보인다
젊은 내가 왜 이렇게 되었나

좀 다른 길을 걸어가려 고향을 떠나왔는데
돌아갈 고향도 없는데 몸만 사그러 들다니!
너무나 착잡했다
그러나 쉽게 나을 수 있다니 희망은 있다
꾸준히 약 먹고 노력할 것이다
나에게는 가정이 있다.

1973. 5.

신내동 판잣집

서울의 동쪽 끝자락
나지막한 봉화산 기슭
작은 개천 뚝방으로 길게 엎드린
판자촌이 있다

언제부터 있었는지 모르지만
서울의 오지 수도시설도 없고
시내버스도 안다니고
논밭 속에 묻힌 빈민촌이다
여기 남의 둥지 한쪽 세내어
하나의 주민이 된다

공장까지 30여분
걷는 방법밖에 없다
논밭 사이로 난 작은 길을 따라 걷는다
11시까지 잔업을 하고 나오면
으슥하고 적막하다

왜 여기까지 밀려 왔나
무지와 어리석음의 대가

후회는 늦었다

꾸준히 걸어갈 뿐이다.

1973. 9.

먹골에 배꽃이 필 때면

유명한 먹골배 산지
봉화산 기슭은 모두 배 과수원이다
봄이면 하얀 배꽃이 눈부시다
달 밝은 밤이면 눈 덮인 들판이 된다

고향의 겨울
눈 덮인 들판에 가득 쏟아지던 달빛
그 풍경이 떠오른다
다시 그리워진다

세상에서 가장 소중한 선물

1973년 12월 13일 오후 5시
세상에서 가장 소중한 선물을 받았다
우리의 첫 아들이 태어났다
하느님께서 내려 주셨다
조상님께서 보내 주셨다

내가 이 세상에 태어난 지 29년
이제 나의 2세가 태어났다
인생여정에서 이보다 더 큰 기쁨과 보람이 무엇이랴!

잘 키우고 가르쳐야지
참된 인간의 길을 가도록
생명은 유한인 것 너에게 물려주고
후회 없이 가야지
건강하게 자라거라

친구 김만욱 군을 찾아서

몸과 마음 시들고 울적해 일요일에 붙여 하루
월차 휴가를 내고 무작정
고향으로 가는 버스를 탔다
이럴 때 갈 수 있는 곳 찾아 갈 사람이 있으면
얼마나 좋을까

내가 갈 수 있는 곳은 어디인가
찾아 갈 사람은 누구인가

고향의 산과 들 옛길은 그 모습 그대로 있는데
내가 아는 사람은 아무도 없다
10년도 안 되는 세월동안 사람들은 많이 떠나가고
들어왔다
친구는 물론 하나도 없고

내가 살던 집은 함석 사립문이 잠긴 채
옛 주인을 아는지 모르는지!

쓸쓸히 마을을 나와 십리 떨어진 상봉리의
김만욱 군을 찾아갔다
사전 연락도 없이

다행히 친구는 집에 있었다
금방 들에서 들어왔다며 반갑게 맞아준다
아직 미혼인 채로 고향 지키며 밝게 살아가는 친구가 부럽다

동네 가게에서 소주 몇 잔씩 마시고
안주감 물고기 잡으러 가잔다
벼가 파랗게 자라는 들 가운데로 넓은 개천이 흐르고 있다
물고기도 많다고 한다
그러나 우리에게는 잡히지 않는다
그물 던져놓고 갯둑에 앉아 안주도 없이 소주를 마신다
아름다운 전원과 우정 있으니
이보다 더 좋은 안주가 무엇이랴!

친구는 나더러 다시 내려와 가까이서 살잔다
그러나 발붙일 곳이 어디인가?
초여름 석양이 더욱 빛나고 아름답다
논두렁에선 뜸북새가 방정맞게 울어대고.

장모님 영전에서

봄은 아직 먼 데 있는 음력 2월 초순
오랜 병고 끝에 장모님은
이 세상을 떠나 가셨습니다

우리들 결혼식에도 못 오셔서
울음 참느라 애쓰던 아내
항상 엄마생각으로 시름겹던 아내

오늘은 쓸쓸한 영전에서
백일도 안 된 손자 녀석과
긴 밤을 새웁니다.

장모님
못난 이 사위 열심히 살아가겠습니다
하늘나라에서 지켜 봐주시고
내세에 큰 영화 누리시옵소서!

집 떠난 동생

하나뿐인 동생 누이동생이
집을 떠났다, 독립 하겠다고
건강도 좋지 않은데

꽤 영리하고 야무진 동생은
불우한 가정의 막내
배움의 길을 잃었다
같은 처지의 오빠를 이해하던 동생

무능한 오빠는 무뚝뚝하고
무정했다
한 마디 격려도 충고도 해주지 못했다

출근할 때에서야 간다는 말
우리는 그렇게 냉랭했다
가서 잘살아
퉁명스레 한 마디 던진 오빠
내가 무슨 오빠냐

아직 삼월의 찬바람이
두 볼에 흐르는 눈물을 얼리고 있다.

1975. 3.

조카 순아

이웃마을에서 오누이처럼
다정하게 자란 우리는
외삼촌과 생질녀다

영리하고 싹싹하던 순아
좋은 남자 만나 열심히 산다더니
네가 하늘나라로 떠났다는 소식
이게 웬일이냐
믿어지지 않았다
그러나 현실이구나

순아
인생이 이렇게 허무하고
서러운 것인 줄

너와 나의 짧은 세월을 떠올리며
허무의 눈물을 삼킨다.

순아
내세에서는 오래도록

부귀영화 누려라
순아 보고 싶구나.

1975. 4.

라일락 피는 공장

공장 앞 창가에
하얀 라일락 한 그루 서 있다

해마다 봄이면 탐스럽게 꽃피고
공장안에 향기를 불어 넣는다
어두컴컴하고
기계소리 요란한 공장에
한 가닥 라일락 향기는

찌든 심신을 잠시 위로해 준다
항상 저렇게 피어 있었으면!

잠시 다녀간 우리의 딸

서울 위생병원 소아과병동 606호실
잔뜩 찌푸린 오월 하늘이
악마의 옷자락처럼
두려움을 느끼게 한다

하얀 병실이 저승처럼 적막하다
우리에게 온 지 한 주일도 안 된
귀여운 딸이 하나님 곁으로 가고 있다

신생아 파상풍
가망은 거의 없단다
아! 이를 어찌 해야 하나
무능한 아비가 너를 보내는구나

이름 두 자도 못 얻은 딸아
아비를 원망하며
푹 자고 일어나 오거라
엄마 아빠가 꼭 기다리고 있을게.

1976. 5.

나는 낙오자

또 한해가 지나갔다
흐르는 세월은 나의 모든 것을 앗아가고 있다
이것이 인생의 길인가

밤낮 없는 공장 일에 지쳐
몸은 야위고 정신도 흐트러진다
그렇게 일하지 않으면
네 식구 생계도 어렵다
저축이란 생각할 수도 없다

친구들과도 거의 연락이 안 된다
결혼식 때 모였던 동창생들도
모두 결혼을 했을 텐데 연락이 없었다

내 현실을 알고 제쳐 놓았는지
소외감이 들기도 한다

나는 낙오자다
패배자다
그까짓 보잘것없는 학창에서
조금 앞서가던 날들은

아무 소용도 없는 일
모두 접어두고 굼벵이처럼
느릿느릿 기어가야 한다.

1976. 12. 31

나도 산으로 간다

어린이날 공휴일
마누라와 어린애들은 집에 두고
묵동 5우들이 모여 도봉산에 갔다
나는 처음으로 산행에 나선 것
복장과 장비 일체를 월부로 구입하고
등산객 대열에 낀 것이다
굳이 만류하지 않는 아내가 고맙다

등산이 건강에 유익하다는 건 알고 있었지만
일요일은 편안히 쉬고 싶어서
친구들을 따라 나서지 않았었다
그러다 친구들의 권유도 있고
나도 마음이 내켜 결행한 것

신록이 눈부신 산야는
더 없이 상쾌하고 아름답다
한 주일 공장 소음과 먼지에 찌들은 심신을
잠시나마 씻어 보기엔 가장 좋은 곳이다

그래서 많은 사람들이 산을 찾는다
자연으로 돌아가고 싶은 게 인간의 본성인가

그런데 너무 시끄럽고 눈살 찌푸리게 하는 광경들
술 취한 추태 고성방가 음식냄새
마구 버려 쌓인 쓰레기
자연의 신음이 들려오고 있다
이대로는 안되겠다.

1977. 5. 5

묵동의 5우

서울의 동쪽 변두리
공릉동 국제전기에서 만난 사람들
헤어진 사람들도 많지만
묵동에 사는 다섯은 어느새
고향 친구들처럼 다정해졌다
직장에서 동네에서
매일 만나고 몰려다니며 술타령도 하고
일이 있으면 서로 돕고 우정을 나눈다
헤어지지 말고 오래도록 이렇게 가고 싶은데
사람의 길은 굴곡도 많으니
어찌 예측할 것인가

대전이 고향인 한만석 형
김천이 고향인 박강용 형
서천이 고향인 이흥재 형
청평이 고향인 유제부 형
이천에서 자란 심서섭

영원히 변치 말고 우정을 나누고 싶다.

한수의 묘에서

비보를 듣고 여러 날 별러
네가 살던 오두막집 찾아 왔건만
옛날에 반겨주던 너는 없구나

서운산 자락 아버지 슬하에 조그만 뗏집 하나 지어
조용히 잠들었구나
무엇이 그리 급했더냐 말이나 해보게
인생길 시름 여한 많아도 부모 형제 처자 있는
여기가 낫지 너도 가고야 싶었겠니

아!
허무하다 안타깝다
소탈한 너의 모습 안 보이니
오늘은 술이 쓰기만 하구나.

1978. 4.

다시 온 우리의 딸

1978년 8월 8일 새벽 5시
청량리 작은 산부인과에서 우리의 딸이 태어났다
아니 다시 온 것이다
반갑구나
잘 자고 왔느냐?
엄마 아빠기 기다리고 있었다

건강하고 착하고 예쁘게 자라거라
너와 우리 하늘이 맺어주신 인연이니 얼마나 소중하냐?
너희들 태어나 자라는 모습에서
우리 삶의 보람을 찾는다.

가야산 연가

긴 겨울밤을 지새우다시피 하고 찾아온 곳
해인사를 품고 있는 가야산
겨울 하늘은 푸른 호수요, 아침 햇살은 이 땅의 영광

울창한 해인사 둘러보며 부처님께 비는 소원
내 나이 열 살만 줄여 주옵소서!

인적 없는 겨울 산길 더 없이 상쾌하다
산새처럼 속삭이는 그녀 있어
산길이 정답고 심신은 날아갈듯
가볍게 정상에 오른다.

저 웅대한 대자연 앞에
인간의 부귀영화 티끌 같은 것
모두 버리고 그대와 둘이서 영원한 산이 되고 싶다.

1978. 12. 3

고마운 처형

처형은 절세미인이시다
농촌 잡지 농원 '1963~1965' 지가 있었는데
미스 농원 선발대회가 있었다
전국 시 군단위로 한 사람씩 추천을 받아
사진을 책에 게재하고 본선은 어떻게 했는지 모른다
그때 진천군 대표로 추천된 농촌 미인

세상에 널리 알려지지 못하신 안타까움 크다
그러나 꼭 그래야만 보람 있는 삶인가
화려하게 피었다 소리 없이 사라지는 영광
그것이 무슨 보람이랴

가정을 이루어 가족을 지키고
인간의 참된 도리와 신앙 속에서
한 점 부끄럼 없이 살다 가는 것도
이 땅에 잠시 머물다 가는 보람 아닌가

처형은 나를 처음부터 이해하고 격려해 주셨다
무능한 내가 어렵게 살아가는 것도
괴팍한 성격으로 동생 괴롭히는 것도 모두 이해하시고
심적 물적으로 도와 주셨다

항상 잊지 않는다
고마운 처형
존경합니다.

1979.

봄날은 간다

봄이 오면 개나리가 제일 먼저 피어나고
그 다음에 진달래가 피고
이어서 목련도 피어나고
그 다음 벚꽃이 피고
그 다음 라일락이 핀다

봄날은 느릿느릿 왔다가
서둘러 가 버린다
꽃들은 채 열흘을 못 견디고
떨어져 버린다

꽃잎 떨어진 자리엔 잎이 피고
봄이 가버린 자리엔
여름이 온다

그렇게 계절은 가고 또 오는데
인생의 계절은 가기만 할 뿐
다시 오지 않으니 허무하여라.

1979. 4.

봉화산

서울의 동쪽 끝자락에 나지막이 솟아 있는 산
북쪽 기슭은 먹골배 과수원
동 남 서쪽은 주택들이 옹기종기 엎드려 있다

봄에는 진달래꽃이 온 산을 붉게 물들인다
정상에는 오래된 아카시아나무들이 있어
꽃이 피면 향기가 온 누리에 퍼진다

겨울에 눈이 많이 내리면 길가 양편으로
머리를 맞대고 서 있는 소나무들 위에 눈이 쌓여
눈 터널을 이룬다
참으로 아름다운 풍경이다
언제부터였던가 새벽에 이 산을 오르기 시작했다
30분 일찍 일어나 정상까지 다녀오면
심신이 상쾌하다 건강회복에 많은 도움이 되는 것 같다

이제는 고향의 뒷동산처럼 친숙해졌다.

제 2부

1980년~ 1989년

첫 직장을 떠나 여기저기 떠도는
공장철새가 되었다.
조건이 조금만 더 좋으면 고마운 분들을
냉정히 뿌리치고 떠나는 게 공장 사람들의
현실이다.
그것이 결코 정도를 걷는 것이 아닌 줄
알면서 시간이 있을 때마다
홀로 낯선 산천을 떠돌며
허탈한 마음을 달래본다.

1982. 2. 19 국제전기 마지막 출근

아내도 일터로

아들은 초등학교에 들어갔고
딸은 아장아장 걸으며
할머니와 잘 논다

아내가 놀 수는 없다며
지인에게 부탁해서 일터로 갔다
용산의 미군부대 내 한식당
한국 병사들과 군무원들이 주로 점심식사 하는 곳
일찍 돌아와 집안 일 하고 아이들 보살피고

억척스레 밭일하고 집안일 밖에 모르던 아내가
세상 물결 속으로 뛰어든 것이다
그러나 만류할 능력이 나는 없다
애들이 학교에 가기 시작했으니
이제 더욱 무거워진다

다행히 고희를 넘기신 어머니 건강하시고
손자 손녀 애지중지 보살피시니
조금은 안심이 된다

아내여

미안하오
이 거치른 세상에 맨손으로 던져진 우리
우리가 헤쳐나가야 할 길이겠지요
나를 원망도 하며 굳건히 걸어갑시다.

1980.

국방의무를 마치다

오늘 예비군 훈련을 끝으로
국방의무를 마쳤다 만 35세
현역 3년 동원예비군 5년, 일반예비군 5년

이 땅에 사나이로 태어나 할 일을 한 것이다
그러나 허탈한 마음이다
내가 벌써 이런 나이가 되었나
전쟁이 일어난다고 해도 쓰이지 못할 사내
국가와 민족을 위해 할 일이 무엇인가?

마지막으로 소총 실탄사격도 했다
잘 맞아 주었다
총 반납
무기여 잘 있거라
언제 너를 다시 만나랴!

국가가 부르면 언제든지 달려오겠지만
그런 사태는 일어나지 말아야 할 것이다
같은 단군의 자손이 왜 서로 싸우고
죽이고 죽어야 한단 말이냐!

1980. 6. 25

신내동의 추억

다시 묵동으로 이사를 했다
7년 간의 유배생활을 끝내고

그 오지에서의 생활은 많은 어려움이 있었다
출 퇴근시간이 훨씬 많이 걸리고
수돗물도 없는 생활은 너무 불편했다

추운겨울에 30여 분씩 걸어가고 오면
온몸이 언다
더구나 늦은 밤이면 인적도 없다
도깨비라도 나올 것 같다

그 오지에도 추억은 남는다
전원의 그 풍경이 고향처럼 정다워졌다
철따라 달리하는 아름다운 자연의 모습
가난하지만 순박한 사람들
오래도록 잊혀지지 않을 것이다
능력이 있으면 그런 곳에 터전을 마련해
정착하고 싶다.

1980. 10.

불암산

서울의 북동쪽 끝
의정부와 경계하고 있는
해발 500여m의 암벽 산이다

아침 일찍 혼자서 10번 버스로
중계동 종점에서 오른다

인적 없는 학도암 댓돌 위엔
하얀 고무신 한 켤레
스님은 수행 중이신가

졸졸 솟는 샘물에 목을 축인다
맑은 산정기가 오장육부에 퍼지는 듯

겨울 찬바람을 맞으며 혼자 걷는 산길이
더욱 정답다
진달래가 필 때 다시 오련다

삿갓봉은 두려워 오르지 못하고
불암사를 거쳐 45번 버스종점에 이른다

빈대떡에 막걸리 파는 간이주점들
나를 유혹하지만 혼자 들어갈 용기 없어
곁눈질하며 버스에 오른다.

국제전기에서의 마지막 여름휴가

P형과 같이 1조에 휴가를 내어
무주의 덕유산 진안의 마이산을 오르고
괴산의 화양구곡 한줄기를 돌아보았다

장마가 일찍 끝난 중복 무렵 무더위도
거뜬히 이겨내고 새로운 산천 경계에
삶의 온갖 번뇌 씻어보는 황홀한 시간이었다
이 즐거운 시간들이 변함없이 와 주었으면!
그러나 변치 않을게 이 우주 어디에 있으랴!

1년 뒤에
그 휴가가 첫 직장에서의 마지막이 될 줄은 몰랐다
언젠가는 오리라고 예상했었지만 이렇게 빨리 올 줄은.
그리고 P형과도 마지막 산행이 되었다
P형은 그 해 가을 사직을 하고 상계동에서 가게를 차렸고
나는 성진전기에서 여름휴가를 받았다
그러나 이제는 둘이 떠날 수는 없었다

지난 3년여 동안 우리는 전국의 유명산들을 찾아 다녔다
지리산, 설악산, 오대산, 태백산, 덕유산, 가야산, 울릉도 성인봉
그 외 가깝고 먼 산들

거기 차곡차곡 쌓인 추억들

즐거운 시간들은 인생행로의 좋은 길잡이가 될 것이다

P형!

우리 또다시 그런 시간들을 기대하며 열심히 살아갑시다.

1981. 7. 25 ~ 27

첫 직장을 떠나며

때 이른 봄비가 촉촉이 내리고 있다
서울의 북동쪽 끝 공릉동 230번지 국제전기 기업주식회사
나의 직업을 바꿔준 곳 첫 직장이다

번창하던 변압기 제조업체
관리인들의 욕심이 원인일까, 사회흐름이 원인일까
사업을 확장하고 사세가 기울기 시작했다
거기다 8·3조치 대출금 회수 등 악재가 겹치고
급여도 몇 개월씩 못 받고 일감도 없고
회사는 표류하는 듯 했다

그러다 코오롱그룹으로 넘어갔고
얼마 안 있어 정부의 중전기업체 통폐합조치에 따라
효성으로 흡수되어 효성 태릉공장이 되었다
다시 효성은 변압기부서를 창원으로 합치고
여기에는 철탑제작부만 남겼다

변압기 종업원들은 창원이나 철탑부서로 가라고 했다
그러나 간 사람은 몇몇이고 거의가 사직을 했다
그리고 오늘 마지막 출근을 했다
위로금으로 급여 3개월분을 달라고 사정했지만

냉정하게 2개월분으로 결정되었다
회사가 나가라고 한 것이 아니라는 것이다

12년 반의 세월!
산천이 변하고 인생이 변했다
지금도 마찬가지지만 어려웠던 그 시절 헤어날 수 없는
쪼들림의 늪 속에서
얼마나 몸부림쳤던가
그래도 낯익은 곳 정든 사람들 모두 떠나야 한다
이별은 어떤 것이든 쓸쓸하고 서러운 것
내리는 빗줄기처럼 가슴속에도 눈물이 흘러내리고 있었다.

1982. 2. 19

방황의 나날들

복직한지 그럭저럭 한달
봄은 또 오고 있다 만물이 소생하고 희망과 꿈이
부푸는 계절인데 젊은 실업자는 늦잠이나 자고
술친구들과 매일 술타령이나 하고 있다

그래도 즐거웠던 직장의 기억들
점심시간의 축구경기 반대항 찜뻥경기
막걸리 내기해서 퇴근시간에 간단히 술 마시며
친목을 다지던 일, 반 야유회 등
오래도록 기억에 남을 것이다

변압기 업계에 불황이 와서 작은 업체들이 많기는 해도
사람을 필요로 하는 곳은 없었다
반월공단의 한 업체가 사업을 확장한다고 했다
우리가 쓰던 기계를 인수하고 기능 인력도 많이 보충할 계획이라고
K직장님이 귀띔해 주셨다 기다리고 있으라고
그러나 소식이 없다
다른 일이라고는 아무것도 할 줄 모르는 내가
길길이 어디인가
무의미하게 지나가는 시간들이 아깝고 안타까울 뿐이다.

---

* 얼마 후 반월공단의 그 회사는 확장계획을 포기 했다는 소문

영동교의 봄

한강변 쓰레기더미 속 여기에도
봄바람은 불어온다

강가엔 개나리꽃이 피었고
버드나무가지도 파릇파릇 잎이 돋는다

강물은 찰랑찰랑 봄노래를 부르며
천천히 흐르고
컨테이너 속 기계는 쉬지 않고 돌아간다.

1983. 4.

성진전기에서의 10개월

반월공단에 있는 성진전기
실업자 생활을 한 지 두 달, 매일 술타령이나 하며 방황할 때
그곳 생산부 차장으로 있는 고향친구 남궁작 군이
이끌어 주었다. 놀면 무엇하느냐며
급여도 퇴직 시 수준으로 맞춰주고
거기서는 고액 수준이었다

그러나 상당히 먼 거리다 영등포에서 통근버스가 있지만
집에서 아침 6시에는 나가야 한다
그쪽으로 이사를 할 수도 없고
또 회사도 정년까지 보장된다는 믿음도 가지 않았다
모두들 여기저기서 떠돌다 온 철새들 같았다

그럭저럭 해가 바뀌고 낯도 익어 가는데
서울 성수동의 성림전기에서 오라는 교섭이 왔다
규모는 작지만 사장이 재력도 튼튼하고
인정도 많으신 분이라고
급여도 10만 원 더 준다는 것이다

그런 조건이면 망설일 필요가 없다
즉시 허락하고 친구에게 한 마디 상의도 없이

떠나왔다
바쁠 때여서 며칠만이라도 있어 달라는
친구의 간곡한 부탁도 냉정히 뿌리치고

어차피 공장 철새 아닌가
그러나 친구에게 미안한 마음 이제라도
지면으로 전한다. 항상 죄 지은 마음으로
30년이 다 되도록 살고 있다

머물면 정이 드는 게 인간이던가
거기에도 정감이 남았다
산악회 만들어 몇 군데 산행도 했고 점심시간에 축구경기
철야작업하며 막걸리타령 하던 일들 잊혀지지 않을 것이다

또 거기 남은 이강호, 박성인 형들은
지금은 어디서 어떻게 살고 있는지 보고 싶다.

1983, 3.

뚝섬행 버스

오늘도 뚝섬으로 가려고 이른 아침
청량리 로터리에서 버스를 기다린다

버스가 오면 우르르 달려간다
질서도 순서도 없다
밀치고 밟히며 타야 한다

이것이 생존 경쟁
하루의 시작이다
살기 위한 몸부림이다.

화랑로의 봄

두꺼운 얼음 속에서 긴 겨울 보낸
붉은 포도가 이제 얼굴을 드러낸다
여기에도 느즈막이 봄이 온다

잠든 듯 고요한 가로수 가지를
봄바람이 흔들어 깨우고
개나리 입술이 뾰족이 웃는다

포근한 햇살 졸음을 몰고 와
대지에 몽땅 쏟아 놓고
그 위에 새싹을 움트게 한다.

1984. 4.

P형의 영전에

P형,
그렇게 가시다니 믿어지지 않습니다
왜 그렇게 서둘러 가시나요?
인생이란 무엇입니까
이렇게 허무하고 슬픈 것인가요?

우리 만난 지 15년
고향 친구처럼 다정했고
기쁨도 괴로움도 함께 나누었습니다

형과 함께 떠돌던 팔도강산
즐거움도 괴로움도 있었지요
형의 현명하고 정확한 판단으로 큰 어려움 없이
넘기곤 했지요

형은 항상 긍정적이고 명랑하고 누구에게나 친절하고
바른길만 걸어왔습니다
많은 사람들이 영원히 칭송할 것입니다

한 번 왔다 한 번 가는 게 생명의 법칙이라 하지만
이렇게 덧없고 허무한 것인줄

형,
누군가 이런 말을 했습니다
"사람이 태어날 땐 내가 울고
떠나갈 땐 타인을 울린다" 고

형은 지금 많은 사람들을 울려놓고 떠났습니다
눈물로 형을 보내는 우리는
영원히 기억할 것입니다

형,
항상 그리던 고향땅에서 편히 쉬십시오
그리고 내세에서는 더 큰 꿈 이루시고
영생하소서!

1983. 7. 25

---

* 심장질환으로 요절한 박강용 형을 기리며

어버이날에

아버님 어머님
이제는 카네이션 한 송이 달아드릴
가슴이 안 계십니다
너무도 애달프고 서럽습니다

부모님 계실 때
조금이라도 정성을 들일 것을
세월이 흐른 뒤 후회만 남습니다
눈물만 흐릅니다.

1985. 5. 8

스승의 날에

올해에도 스승의 날
내 학창시절이 길지 않았으니까
스승님도 많이 안 계시지만
한 분도 소식을 모른다

삶이 바쁘다는 건 구차한 변명이고
스승님을 뵐 용기가 없었다

큰 꿈을 가지라고 격려해 주시고
꾸준히 정진하라고 가르쳐 주신 스승님
그 뜻을 저버리고 살아간다
선생님.
죄송합니다
부끄럽습니다.

1985. 5. 15

성림전기의 3년 반

박보용 형이 이끌어 주어서
반월공단에서 성수동으로 옮겼었다

시내버스로 출·퇴근 하는데
출근 시간엔 승차전쟁이라도 치르는 듯했다

일감이 꾸준히 있어서
사장님 전무님 모두 흐뭇해 하셨다
내가 온 덕이라나

인정이 많으신 사장님
시간 외 수당은 물론 반시간만 늦게 끝나도
막걸리라도 마시고 가게 하셨다
봄, 가을 야유회도 갔었고

그런데 급여인상은 인색했다
3년 만에 한 번 인상했는데 겨우 2만원
물가는 많이 오르고 아들은 고등학생인데
너무 힘들었다

그러던 중 신도림에서 교섭이 왔다

급여도 파격적으로

또 미련 없이 떠났다

고마운 분들께 미안한 마음 억지로 누르며.

1986. 9.

신도림역에서

많은 사람들이 밀치고 밀려가는 아침 전철역
바쁜 사람들뿐이다

도림천에서는 악취가 풍기고
근처 화학공장들은 유독가스를 내뿜고
판잣집 공장들이 어지럽게 몰려 있는 곳
여기가 대한민국 수도 서울이다

그 속으로 내가 들어간다
쓰레기처럼 살아가려고

직장을 또 옮겼다 김영진 형님의 소개로
훨씬 나은 조건으로
조건이 나으면 철새처럼 떠 다니는 게 공장생활이다.

1986. 9. 15

봉화산을 두고

진달래 산벗꽃 아까시 꽃 모두 피는 산
산딸기도 익어 가는 산
억새꽃 백발이 가을바람에 휘날릴 때
기러기도 울며 날아갔지

하얀 눈 포근히 덮고
겨울잠에 들었을 때 나는 네 이불자락 밟으며
수없이 헤매었다

이제 너를 두고 간다
언제 다시 보랴 봉화산아!

1987. 9. 20

천황산에서

겨울도 깊은 산마을
초라한 여관방은 얼음장판을 깔았나

흐르는 계곡 물소리는 정답고
문풍지 흔드는 바람소리 나그네 한숨

그림 같은 사자평고원 갈대꽃 물결치고
방학의 고사리 초등학교 쓸쓸하다

나 여기 총각 선생님 되어
코흘리개들과 뛰놀며
산꽃같은 처녀선생님과
산새처럼 사랑하고 싶다

의연한 천황산 기백이여
피어오르는 운무여
찬란한 정묘년 태양이여
이 땅에 영광을 주소서.

1988. 1.

가을 새벽

문득 잠에서 깨어보니 새벽 3시
시끄럽던 자동차 소리도 잠들고
고요한 달빛이 방안에 가득하다

귀뚜라미 울음도 들리지 않고
달빛 속에 떨어지는 은행 나뭇잎
가을빛이 역력하구나.

삼선교 휴일

찬란하게 쏟아지는 햇살 눈부신 녹음
하얀 성곽으로 담장이 넝쿨이
부지런히 기어오르는 유월

우중충한 기와집들
산뜻한 빨간지붕 파란지붕
어우러진 삼선2동

담장이 잎새 싱그럽게 피어있는 창가에 앉아
막걸리 한 병 놓고
휴일을 즐긴다.

1988. 6.

백운계곡에서

끓는 태양 아래 혼자 계곡물에 발 담그고
이동막걸리를 마신다

송사리떼가 몰려와
발을 간질이며 같이 놀자고

그래 나는 혼자이니 오늘은
너희들과 어울려 놀자.

1988. 8.

풋콩 한 꼬투리

시장바닥에 떨어진 풋콩 한 꼬투리 무심코 주웠다
벌써 콩익는 계절인가

옛적 고향 냄새가 묻어 있다
어머니 손길이 떠오른다

이 풋콩을 넣고 햅쌀밥을 지어주시던
어머니 그 기름진 밥

이제 어디서 맛보겠는가
고향도 없고 어머니도 안 계시니.

1988. 9.

40대 아내

이십대 초반에 멋모르고 시집을 와서
싸우고 울며 살아온 세월 십칠년
어느덧 마흔 고개 넘는 아내

얼굴엔 잔주름 그어지고
머리칼은 백발이 듬성듬성
영락없는 중년여인이다

결혼이 제2의 탄생이라 누가 말했던가
청춘의 무덤인 것을
승률없는 도박인 것을

아내여,
후회하지 말아요
인생이란 어차피 회한의 여로

걸어온 긴 세월 속에 묻어두고
남은 길 꾸준히 걸어갑시다.

1989. 2. 25 아내의 39번째 생일에

구절리 우수

짧은 가을해 저무는 정선역
혼자 구절리행 완행열차를 탄다
정선까지는 직행버스로 왔고

허름한 식당에서 국밥에 아리랑 막걸리 한 병으로
배를 채우고
가을빛 짙어가는 낯선 산하를 간다

굽이굽이 돌고 도는 외줄기 철길
외로운 나그네 허전한 마음
기관차도 숨 가쁜 기적소리 토한다

산이 높아 일찍 어두운가
어둑한 구절리 종점
열차도 더 갈 길이 없다

보름달이 떠오른다
시커먼 남쪽 산봉우리 위로
저 달은 여기서도 정답구나

초라한 여인숙 텅텅 비었고

정선아리랑 가사 나그네를 맞는다
다방 간판 있어 들어갔더니 초로의 여주인
노신사와 밀애중이시다

나 혼자 왜 여기 왔나
누구를 찾아왔나
옛님이라도 살고 있나
구절리의 밤이 말없이 깊어 간다.

1988. 9.

소를 생각하며

고향의 소들이 생각난다
논 갈고 밭 갈고 달구지 끌던 소들
입에는 망이 씌워지고 거품 흘리며
열심히 쟁기 끌던 소들

여물통을 논가에 가져다 놓으면
신나게 더욱 열심히 끌던 소
지금은 나도 열심히 쟁기를 끈다
얄팍한 월급봉투를 바라보며.

1989. 3.

사십대 중반에서

해방 석 달 전에 태어나 벌써
사십대 중반이 되었다

일제의 억압은 어머니 뱃속에서
전란의 포화는 어머니 품속에서
무사히 넘겼다

배고픔과 돌림병 용케 견뎌내고
국토분단의 거치른 물결을 맞았다

활짝 피어나지도 못하고 떨어져 버린
파란 낙엽 같은 나
고독과 회한뿐인 내 젊은 시절
어느새 흘러가 버렸다.

1989. 5.

고향 여자 소꿉친구들을 만나서

이십 년도 훨씬 전에 고향마을에서 헤어진
소꼽친구 둘을 만났다
우리들 지금은 사십대 중반이구나

같이 초등학교 다니던 영이, 숙이, 명이
숙이는 몇 해 전에 감전사 했다지
석유등잔 켜고 살던 시절이 새삼 그립구나

세월은 누구도 비켜가지 않는구나
들꽃 같던 너희들도 중년 아줌마
문득 문득 옛날이 그리워진다.

1989. 6.

운장산에서

구름 위에 길게 솟아 운장산인가 세 개 고봉이
한 줄로 이어져 노령의 맥을 이루었구나

힘차게 뻗어 내린 수백의 산줄기 수려한 골마다
맑은 물 흘러 수 천 생명을 잉태하니
내 처사동 외 처사동 사람들이 그 품에 안기었다

삼포에 자라는 인삼 곱게 익은 고추
수수밭 감자밭 콩밭
맑은 산정기 받아 자연 그대로다
여기 살아가는 사람들이 부럽다

여름 낮잠 즐기는 누렁이도
낯선 사람 알바 아니라는 듯 다시 눈을 감는다
낸들~네 잠을 깨우겠느냐.

1989. 8.

적상산에서

여기는 전라도 무주고을 겹겹이 둘러선 산산
굽이굽이 흐르는 물 가을 햇살 눈부시다

핏줄 끝까지 스며드는 맑은 정기 순박한 인정
어디에서 느꼈던가

슬프도록 붉은 단풍잎을 보며 걷는다
떨어진 잎들을 밟으며 걷는다
들국화 애절한 모습이 가슴을 울먹이게 한다

산자락에 포근히 잠긴 낡은 안국사
스님도 보이지 않고 풍경소리도 들리지 않는다
먹고 마시는 무리들이 오늘은 속세를 이루었구나.

1989. 10.

하루살이

수은등 불빛에 날아드는 작은 벌레
휘황한 빛을 따라 실컷 맴돌다
이 밤이 새면 떨어져 버릴 작은 벌레

그 한생이 애처롭다
하기야 큰 벌레 '인간' 인들 무엇이 다르랴.

1989. 7.

여름 나그네

이른 아침 통일호에 몸을 싣고
남쪽으로 달린다

아내와 자식들 모두 두고
고행 보따리와 함께
왜 가야하는지 나도 모른다
기다리는 사람 없는 낯선 땅으로

미지에의 동경
일상에서의 잠시 탈출
외로운 나그네가 되어 보는 것도 즐거움일까

짙푸른 산야 옹기종기 모여 사는 사람들
평화와 행복이 가득하다.

1989. 8 혼자 여름휴가를 떠나며

첫눈 내리는 날

주홍빛 가로등 아래 풀벌레처럼
눈송이가 날아든다

고요한 휴일 새벽 텅 빈 거리에
하얀 눈이 쌓인다

강아지처럼 눈 속을 뛰어놀던 시절은
정녕 첫눈처럼 아름다웠다
지금 또 그 첫눈이 내린다.

1989. 11.

3불시대를 곡함

불신 : 동짓달 하늘과 땅은 저리도 찬란한데
여기 사는 인간들은 어이하여 모두가 병들었는가
사람끼리 믿지 못하며
어찌 예수님 석가님을 믿으라 말할 수 있는가
나라엔 믿고 따를 지도자 안보이니
이를 한탄 하노라

부정 : 권력만 있으면 틈만 있으면 한탕해서
자손대대 편안히 살아가려는 풍조
이를 바로잡을 포도청은 있으나 잡지 않으니
이를 한탄하노라

불안 : 정부는 있으나 정치가 없고
법률은 있으나 기강이 서지 않고
인간사회는 있으나 인륜은 땅에 떨어졌고
〈나〉는 있으나 〈우리〉는 없으니 이 사회의 중병이라
이를 곡하노라

1969. 11.

무명 시인

그는 박목월 시인의 〈나그네〉를
즐겨 읊었습니다
자기가 그 밀밭 길을 가는 듯이 말입니다

그는 또 시인님의 〈이별의 노래〉도
자주 흥얼거립니다

그의 가슴속엔 항상 이별과 사랑이 가득 차 있습니다
언젠가는 모두 이별해야 하고
그래서 들꽃 한족이 산새 한 마리에도
사랑을 느낍니다.

그러나 그는 인간 세상을 알지 못합니다
고독을 벗 삼아 술 마시며
낙서하기를 좋아하는 무명 시인입니다.

겨울날

싸늘한 하늘에 둥근달이
고요히 웃고 있다
시가의 가로등을 비웃는 듯

가만히 창을 여니 얼른 들어온다
우리는 다정히 속삭인다
그리워했다고 사랑했다고.

1989. 11.

나의 길

이제는 나이 마흔 다섯
세상살이 알만할 때도 되었는데
나는 뒤떨어져 허둥거리며 가고 있다

그러나 후회는 말아야지
잘 달려가는 친구들 부러워도 말아야지
어차피 세상사는 기술 배우지 못했으니

나에게 주어진 길을 천천히 가야겠다
이렇게 낙서도 하며 한잔 술로
그리움의 노래도 흥얼거리며.

1989. 12.

할미꽃

봄이 채 오기도 전 뒷동산 언덕에
허리 굽고 흰머리 할미꽃이 피었다

꽃 중에 제일 부지런한 꽃
화려하지도 않은 꽃
자주색 꽃잎 노란 꽃술
그 할미꽃이 사랑스럽다.

1990. 2.

제 3부

1990~1999년

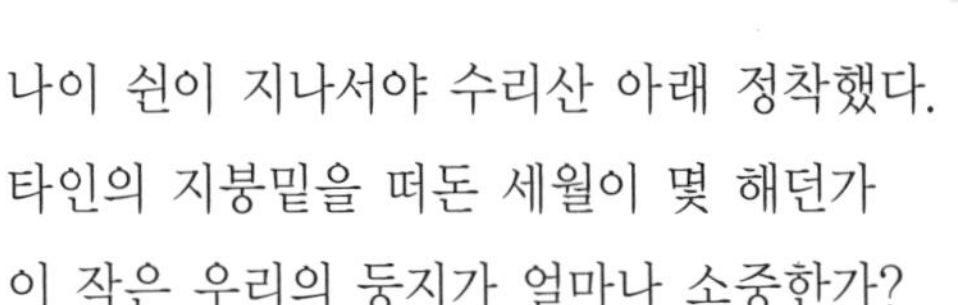

나이 쉰이 지나서야 수리산 아래 정착했다.
타인의 지붕밑을 떠돈 세월이 몇 해던가
이 작은 우리의 둥지가 얼마나 소중한가?

또한 지척에 아름다운 수리산이 있으니
얼마나 다행인가?
저 산을 바라보고 오르고 품에 안기며
오래도록 머물고 싶다.

1997. 5 아버님 산소에서 남매들

꼴불견

지하철역에서 담배 피우는 남자
차 안에서 소리내어 껌 씹는 남자
횡단보도 가운데 차 세워놓은 남자

전철의자에서 고개 젖히고
입 벌린 채 잠자는 여자
미니스커트 입고 무릎 벌리고 앉은 여자
커피 잔 들고 전철 타는 여자.

도시 꾀꼬리

장마가 잠시 쉬는 사이 아침 하늘은
소녀의 눈동자처럼 맑다

플라타너스 잎이 더욱 싱싱한 칠월의 아침
어디서 꾀꼬리가 날아와 고운 노래 부른다

여기가 무엇이 좋아 왔느냐 아름다운 숲을 두고
네 노래 있어 이 거리는 더욱 아름답지만.

1990. 7.

과일가게

봄은 여인들의 옷자락에서부터 오고
가을은 골목 과일가게에서부터 온다

어느새 빨간 감 상자가 가을을 담고 왔다
탐스런 포도송이도 햇밤도
가을을 알려준다.

1990. 9

대학입시를 앞둔 아들에게

벌써 고등학교 2학년 후반
인생의 가장 중요한 시기이기도 하다
어느 시기인들 중요하지 않으랴만

그런데 너는 요즈음 학업보다 신앙에 빠져
시간을 허비하고 있어 안타깝다
물론 신앙도 필요하고 봉사활동도 필요하다
그러나 가장 필요하고 중요한 건 네 인생이다

인생의 시기는 한 번뿐이다 다시 오지 않는다
대학입시라는 높은 문이 바로 앞인데
네가 지금 그렇게 살 때가 아니다

아비가 못 배워서 너는 배워야 한다는
논리가 아니다
아비가 큰일을 못해서 너는 해야 한다는
욕심도 아니다

한 인간으로 가장 적게 후회하며 살아가기 위해서는
오직 젊어서 배워야 하기 때문이다
아비 같은 인생길을 걷지 않기 위해서는.

1990.

용화산에서

구름 위에 내가 섰다. 하늘 가까이 내가 올랐다
영서의 금강 용화산
솜이불처럼 포근한 구름이 속세를 덮고
가을 햇살은 산자락에 곱게 수놓는다

아, 부질없는 진세의 부귀영화 찰나의 꿈이려니
저 대자연의 거룩함에 비할쏘냐.

1990. 9.

구병산

충청도와 경상도 사이에
아홉 폭 병풍을 둘러놓은 듯
수려한 속리의 줄기 흐른다

꽃은 지고 잎이 피어나는 초여름
즐겁게 노래 부르며 흐르는 계곡 물소리
한가로운 소쩍새 울음소리

산자락 깔고 앉은 고요한 적암마을
황소 대신 경운기가 밭을 간다
탐스럽게 익은 보리이삭 물결치고

적암 휴게소 젊은 여주인
경상도와 충청도 사투리 섞어
더욱 친절하다.

1991. 5.

5월회

강산이 세 번 변한 뒤에 우리는 다시 모였다
대머리 백발 주름진 얼굴들
그래도 옛날처럼 시시덕거렸다
철없고 세상 모르던 때가 그래도 추억거리라고

우쭐했던 우물 안 개구리들
한 두름 굴비처럼 한 줄에 묶여 육중한 철문 들어갔다
거기가 지옥이었다.
지상에서 가장 어두운 곳이었다.

다시 하늘을 볼 수 있을까
사람으로 살아갈 수 있을까
좌절의 늪은 나의 모든 것을 앗아갔다

75일 간의 격리생활
무엇을 보았고 무엇을 찾았는가.
이것이 운명이었던가.

다시 만난 그때의 동지들아 영원한 우정 이어가자.

1991. 9.

운문사 가는 길

기차로 네 시간 반 버스로 한 시간
청도 운문사에 왔다

잎사귀 모두 떨어진 감나무엔 붉은 감들이
가을 햇살에 빛난다.

수백 년 된 노송들 이리저리 어우러져
풍상의 긴 세월 말해 주고 맑은 바람은
진세에 찌든 몸과 마음을 씻어준다.

1991. 10.

운문사의 여승

연한 회색 가사장금 단정히 차려입고
밀짚모자 쓴 얼굴에 석양이 물들었다

운문계곡 고운 바람 맑은 샘으로
도를 닦고 정진하니 저리도 우아한가.

잔잔한 눈동자에 가득 찬 수도의 빛
티끌 같은 세상사는 다 잊었다오.

귀뚜라미

초저녁부터 애절하게 울어대는 귀뚜라미
새벽이 오도록 그칠 줄을 모른다.

너는 무엇이 그리도 서러우냐.
너도 가는 세월이 서러우냐.

네 울음소리 아니어도
창가에 은행나무잎 떨어져 가을이구나, 서글픈데,

1991. 10.

공장지대에 내리는 눈

공장지대에도 눈이 내린다
목화송이처럼 포근한 눈송이 송이
소리 없이 내려앉는다

어지럽게 들어선 공장들
흘러나오는 소음
흩어진 녹슨 쇳조각들이 눈 속에 묻힌다

눈 쌓인 위에는 티끌도 없다
하얀 순수뿐이다. 그래서 눈이 좋다

경비실 옆 우리에 갇힌 하얀 강아지
뛰어나가고 싶어 안달을 한다.

1991. 11.

자화상

소년 시절은 겁쟁이
청년 시절은 파란 낙엽
장년 시절은 술독에 빠져
허우적거리는 사람

머리카락 거의 다 빠지고
눈도 어두워진 중늙은이
공장에서 늙었다.

1991. 12.

대관령에서

남쪽에서 불어오는 봄바람 눈치 보며
아쉬운 듯 떠나가는 겨울이 대관령 800고지에
하얀 눈 이불 펴고 하룻밤 묵어갔다

양지쪽 기슭마다 조상님들 모셔놓고
빨갛고 파란 지붕 아래
자손들 키우며 살아간다
텃밭도 부스스 겨울잠을 깨고.

1992. 2.

종로6가 꽃나무시장

봄볕이 포근한 오후
종로 꽃나무 시장 길을 걷는다

이름도 모를 작은 화초 꽃나무들이
뾰족뾰족 싹 틔우며 주인을 기다린다
움트는 잎 맺힌 꽃망울
금방이라도 활짝 필 듯

서울의 봄은 여기에 제일 먼저 온다
여기는 생동감이 넘친다
여기는 희망이 자란다

작은 내 집 좁은 뜨락에 이 꽃 저 나무 심고
가꾸며 바라보고 싶다.

1992. 2.

서울의 아침

장맛비 잠시 멈춘 사이 칠월 아침은
호수처럼 맑다
금빛 띈 구름조각 몇 개 유유히 흘러가고

북악 줄기 길게 뻗어 내린 짙푸른 등허리로
하얗게 이어지는 성곽 아래
붉고 푸른 지붕들이 그림처럼 평화롭다
서울에도 이런 아침이 있었구나.

1992. 7.

용두산과 의림지

용두산 중턱
늙은 소나무 그늘에 앉아
의림지를 내려다본다

초여름 훈풍이 향기롭고
녹색 산자락이 물속에 잠겨 있다
푸른 물빛 차라리 검다 할까
용두산과 어울려 한 폭 풍경화네.

1992. 5.

주공아파트 분양장

연초록빛 물감 차츰 진해가는 수리산 남쪽기슭
누런 흙먼지 하늘을 가리웠고
몰려든 서민들 광장을 꽉 메웠다
집 없는 사람들이 이렇게도 많은가

이른 아침부터 몇 시간 채인가
점심도 굶은 채 줄을 서 있다
등줄기에 땀이 흘러내린다
다리가 휘청거린다

젊은 엄마 등애 어린 것 애타게 울어댄다
그러나 순서를 양보할 사람은 없다
아가야 조금만 참아주렴

짙은 화장에 화사한 옷차림의 저 귀부인이
집이 없어 여기 오셨는가
연회에라도 오셨는가

주변에 꽉 들어찬 자가용들
집은 없어도 자가용은 꼭 있어야 하나
이 넓은 땅 저 많은 쓰레기
청소할 사람은 누구인가.

1992. 5.

오봉산에서

어찌 보면 다섯 봉 어찌 보면 여섯 봉
쇠줄 잡고 오르고 내리고
무릎으로 기어서 바위틈 지나고
절경 비경이 모두 모였다

눈 아래 잔잔한 소양호 어울려
가슴속 확 트이는 풍광
혼자 바라보니 더욱 그리워진다

십년 전 눈 내리던 날
그대 손잡고 오르던 이 산길
오늘은 왜 혼자 왔느냐.

1992. 6.

옛 동산에 올라

내가 살던 외딴곳 앞동산에 올라
어릴 적 세월 더듬으며 눈물 삼킨다
그리움인가 서러움인가

우리 살던 오두막집은 터만 남아 누구의 밭이 되었고
내 손길 가득 담긴 논다랭이들 그대로 있구나

내 아버지 인생 다 바치신 넓은 들 물결만 찰랑이고
내 어머니 등 굽게 한 밭에는 채소가 풍성하다

이웃동네 큰 누나 집 가던 산길 지금은 인적 끊겨
산토끼나 넘으려나

고갯길은 그대로 있는데
진달래도 그대로 피는지
'바위고개' 잘 부르던 그 여학생은
어디에서 어떻게 살고 있을까

아!
무상한 세월이여
허무한 인생사여
가기만 하고 다시 오지 않으니 서러움만 남는구나.

1992. 7.

뭉게구름

팔월 하늘에 두둥실 떠나간다
하얗게 시커멓게 낮게 하늘을 떠돈다

목화송이도 만들고 태산준령도 만들고
그리운 여인 얼굴도 만들고

구름은 자유로워 좋겠다
마음대로 가고 마음대로 만들고
구름만도 못한 인생 덧없어라.

1992. 8.

추석 전날 청계천 풍경

고가도로 아래 시내버스 소음이
유난히도 크게 들리는 건
거리가 텅 비어 있기 때문인가 보다

모두들 고향으로 가고
남은 사람들은 갈 곳 없는 나그네들

육교 밑에 모여 앉아 소주잔 나누는 반백의 저 한량들은
북녘 고향 못 가는 사람들이겠지.

1992. 9.

고향의 옹달샘

삼십년 전 내가 살던 고향의 산기슭 오두막집터엔
잡초만 무성하고
텃밭이며 앞 논 다랭이들은 누가 주인일가

여름엔 차겁고 겨울엔 따뜻하던
내 엄마 젖줄 같던 옹달샘
지금은 인적 끊겨
푸른 물이끼에 덮여 있네.

1992. 10.

단풍잎과 서리

어젯밤 다 가도록 수선스레 비 내리고
천둥번개 요란하였다

오늘 아침 창문을 열고 가로수 바라보니
잎새에 가을빛 깊었구나

거울에 비친 내 머리엔
귓가에 흰 서리 내렸구나.

1992. 10.

빨간 담쟁이 잎새 하나

빨간 담쟁이 잎새 하나
낡은 내 책상 위에 떨어져 있다

창가에 무성하던 그 잎들 어느새 가버리고
너 혼자 남아 밤새 이별주 마셨구나

빨간 얼굴로 내게 이별 고하니
내 어이 그냥 보내리
너와 함께 이별주 마시자.

1992. 10.

들국화

여름엔 그렇게도 인파로 북적이던 계곡
지금은 적막이 가득 내려앉고
들국화가 외로이 피었다

노란 꽃송이에 쏟아지는 가을 햇살이 입맞춤해
외롭지 않은가

너를 보며 혼자 가는 내가 외롭다
차라리 너와 함께 여기 머물고 싶다.

옛적 신작로

나는 지금도
자갈 구는 시골 길이 그립다

늙은 미루나무 꺼벙하게 서 있고
뽀얀 먼지 일으키며
서울 가는 완행버스 달려가던 길

그 길 따라 무작정 가고 싶던 시절 그 길 끝에
그리운 사람 있을 것 같던 길

그 길이 항상 그립다
이제는 추억 속에나 있는 그 길이.

바람 같은 친구 이상진 군

너는 바람 같은 친구
도깨비 탈을 쓴 전설 속 괴인

무지개처럼 화려하게 나타나고
구름처럼 사라지는 마술사

우리 고향에서 만난 지 오 십 년
순박하고 낙천적이고 진취적인 성격

언제 어느 하늘에 또
무지개처럼 나타나려는가

기다리고 있네. 믿고 있네
우리 변함없는 우정을.

1992. 11.

겨울비

벌거벗은 가로수 가지 위에 질척질척 비가 내린다
마지막 남은 병든 잎새 하나마저 떨어뜨리고
삶이 무어냐고 묻지를 마라 대답할 이 없으니.

1992. 12.

십자봉에서

해발 985M 십자봉 찾아오기 어렵기도 하다
오르면 또 봉이요 건너면 또 계곡이라
운무는 온 산을 휘감고 땀방울은 소나기처럼

하늘 가린 고목들 기개도 당당하고
허리 차는 풀숲은 속세를 잊게 하네
풀내음 산꽃향기 지친 영혼 달래주고
이름 모를 산새 소리 연가처럼 정답구나

길고 긴 천은 계곡 옥류도 굽이굽이
달밤에 선녀 내려와 목욕했을 소 담
적막한 천은사 자락엔 살 익는 냄새 아낙네들 한풀이 가락
부처님도 빙긋이 웃으시리
도와 속은 본시 하나니라.

1993. 8.

천등산 가는 길

들판 길 끝나고 고갯길 접어들어
천등산 바라보며 걷는다

이길 따라가면 박달재 울고 넘는 박달재
짐차들만 요란히 달린다

텅 빈 들판 회색빛 산비탈
벌써 겨울잠에 들었구나

초겨울 세찬 바람이 발길을 무겁게 한다
하늘 오르는 산이라 멀기도 하다.

1993. 10.

변산 관음봉에서

아침 일곱 시 겨울 어둠 속
호남 벌을 달린다
고요히 잠든 들판 끝이 안 보이고
동편 하늘이 불그레 밝아오다

관음봉에 올라 겨울 대지를 본다
올망졸망 봉우리들 구름 위에 솟아있고
서쪽바다 희미하게 펼쳐있다

천하명당 같은 내소사 관음봉 정기 받았나
더없이 안락하고 평화롭다.

1994. 2.

그대 목소리(뜻밖의 H 전화를 받고)

뜻밖의 전화 그대 목소리
차분한 중년 여인 그대는 누구인가요

우리 헤어지고 삼십여 년
그대는 나를 영영 잊은 줄 알았는데
내 가슴은 또 두근거렸다

너무 안타까운 세월이었소
다시 오지 못하는 시절이
영원히 잊지 못할 그대여.

1994. 6. 24

설 전날

또 설날이 온다고 모두들 고향으로 간다고
법석들인데 나는 돌아갈 고향이 멀다
찾아올 형제도 없다
이렇게 텅 빈 가슴 속은 설 전날이기 때문일까

선물 꾸러미 대신 때 묻은 작업복 보따리 들고
터덜터덜 들어온다

설이라고 철없이 좋아하는 아이들
부침개 부치는 아내의 즐거운 표정
가족이 있어 외롭지 않다.

1994. 4.

겨울 강변 양수리에서

산에는 나무들이 백발 되어 궁상스레 움츠리고
흥청거리던 여름 강변은 찬 얼음이 덮여 있다.

동창생 강철산 형

고향에서 중학교를 같이 다니고
삼십여 년이 넘도록 못 만난 동창생
오늘 만나니 만감이 교차했소

오래 전에 소식은 들었지만
부군과 사별하고 힘들게 살아가는 친구에게
한 마디 위로도 보내지 못한 부끄러운 동창생이 되었소

1남 2녀를 훌륭하게 키워놓고 굳건히 살아가는 친구는
이 나라의 대표적 여인상이요 강한 어머니상이외다

이제 자녀들이 든든한 기둥 되고
듬직한 울타리되니
외로움도 어려움도 없으리다
건강하게 꾸준히 걸어가세요.

1994. 10.

영이의 전화

고향마을 소꿉친구 영이가
회사로 전화를 해왔다

세상살이 바쁘고 힘들어 인생이 무엇인지
생각해 볼 겨를도 없다는 영이
인생이 무엇인지 아느냐고

낸들 알겠니
백년을 살아도 모르는 게 인생이라는데
이제 겨우 반백년 살았으니

더 살다 보면 어렴풋이나마 알게 될지 모르지만
정답은 아무도 모를 거야
영아, 우리 열심히 살아가자
그것만이 비슷한 답 아니겠니

* 그 영이가 떠난 지 벌써 3년 이제는 전화도 없다.

1994. 12.

어느 토요일

아내는 쪼그리고 앉아 빨래를 하고
나는 양반다리하고 앉아 술을 마신다

미안해 방문을 닫으면 한사코 열어 놓으며
당신 바라보며 일하는 게 즐겁다고.

봄

물러가기 싫어 몸부림치는 겨울을 애써 밀어내고
봄은 이 땅에 들어와 새싹을 돋게 하고
가지에 꽃을 피운다

봄은 누구의 뜻인가 누구의 작품인가
봄이 괴로워 봄이 서러워
아파하는 가슴은 어이해야 하나요.

1995. 4.

민방위 임무도 끝나고

민방위 소집도 오늘로 끝이다
이제는 나라가 부를 일이 아무것도 없다

너는 나라를 위하여 무엇을 하였느냐
이 땅에 사나이로 태어나 나라를 위하여
아무 일도 하지 못하고 반백의 나이가 되었구나

선열들은 목숨 바쳐 나라를 되찾고 지키고
일으켜 세웠는데
한 사나이는 부끄럽게 나이만 들었구나.

1995. 5.

속실리〈횡성〉에서

가녀린 코스모스 꽃들이
한적한 산마을 길가에서
가을 하늘처럼 해맑은 얼굴로
나를 반긴다

하얀 꽃
빨간 꽃
분홍 꽃

옛적 고향마을 처녀들 같구나
그 처녀들 지금은 어디서
어떻게 변해 있을까

이 길 따라 한없이 가고 싶다
그 시절 잠시 다녀올 수 있다면.

1995. 9.

민들레

큰길가 공장 옆 시멘트 담벼락 밑에
작은 민들레 한 포기 돋아났다

흙도 아닌 시멘트 틈새에
저렇게 뿌리내린 굳센 생명

빗줄기와 햇볕 받아 줄기 굵어지고
노란 꽃이 피었다
꽃은 잠시뿐
어느새 백발 되고 꽃씨가 바람에 날아간다
씨는 어디에 뿌리를 내릴까?

남산 길에서

남대문을 옆으로 끼고 돌아
푸른 잎이 우거진 산길을 걷는다

아직은 이른 시각
차들만 더러 오가고

남대문시장에서 밤일 끝낸 지게꾼들
새우깡 봉지 뜯어놓고 소주잔 기울인다.

누님들과 출생지 방문

누님 네 분과 우리 두 사람
어렵게 모여서 버스로
우리의 고향을 찾았다
당시엔 충남 아산군 온양면
온천지 역 근처다

산천이 다섯 번도 더 변한 세월이 흘렀으니
누님들도 기억이 희미하다고
나는 출생지일 뿐 고향의 의미는 없다

누님들은 그래도 어렴풋이 기억하신다
우리 집이 있었다는 동네
집들은 모두 바뀌었지만

일본인들이 경영하던 과수원
거기서 일하던 기억들 살려내신다
그 과수원들도 지금은 많이 없어졌다고
누님들은 아득한 옛날이 그리우신가 보다

이 땅에서 그냥 자랐더라면 지금은 어떻게 되어 있을까
아버지의 택리지 사상에 따라

이곳 이천으로 오게 되었단다
쇠 금(金)자 든 고장을 찾아가야 한다고 하셨다는 것
근처 마을이 금당리이니 그것을 믿으셨나 보다

그러나 무슨 지리를 보았는가
가정이 풍파를 만나지 않았던가
근거 없는 풍수지리 사상인 것 같다.

1996. 4. 28

동창생 조성진 군을 보내며

동창생아
친구야
어디로 갔니

네 영정 사진 앞에
내가 큰 절 두 번 했다
그것이 받고 싶었니
물론 아니겠지
그러나 너무 서둘러 갔구나

그렇게도 소탈하고
누구에게나 거리감 없고
구김살 하나 없이
솔직하게 살던 친구
그 모습이 그리워질 땐
나는 어떻게 해야 하니

그러나
만물이 태어나고 스러짐
사람이 만나고 헤어짐
그것은 변할 수 없는 우주의 법칙

누가 어기랴

먼저 자리 잡고 있다가
언젠가 내가 가거든
아는 체나 해주게

친구야
잘 가.

1995. 7. 6

아파트 열쇠

잔금 칠백오십만 원 치르고 아파트 열쇠를 받았다
황금 열쇠도 아닌 쇳조각이 비싸기도 하다

결혼하고 스물세 해를 갈망해 온 내 집 열쇠
이제야 내 손에 넣었구나
아들 녀석 받아 안던 날 다음으로 가슴 벅찬 날

23층 까치집 같은 내 집 문을 연다
반듯하고 깨끗한 방과 거실
이제 이사 다니는 번거로움 겪지 않아도 된다

1995. 12. 3

내 집에 오던 날

그날은 서울에 첫눈이 살짝 내렸다
우리를 축하하는지

서울 하늘 아래서
타인의 둥지 한쪽에 붙어
서럽게 살아온 긴 세월

이제 서울땅에서 밀려나
다시 경기도로 왔다

서울이 아니면 어떠냐
바로 산 아래 고향 같은 곳
자연에 다가오니 행운 아닌가.

방세 올려달라는 말
저승사자의 "가자!" 소리만큼 무서웠는데

1996. 11. 23

삼선교 추억

산비탈 오래된 집 아홉 해 머무는 동안
그곳에도 정은 들었다
머물면 정드는 게 인간이던가

창가에는 담쟁이가 탐스러웠지
봄의 귀여운 잎새들
가을의 애처로운 단풍들

재래시장 골목의 정겨운 풍경들
모두 두고 떠나왔다
잠시 스쳐 간 꿈결이겠지.

1996. 12

임창기 형의 부음을 듣고

나 잠시 병상에 누워 있는 사이
형은 떠났다 하더군요
무엇이 그리 급해 가셨나요

그렇게도 활달하고
누구에게나 친밀하고
인정도 많던 형

예비군 훈련 때의 그 절도 있는 총검술 시범
술자리 있을 때 신명나게
옹헤야 선창하던 형
그 모습이 선명하게 남았는데
모두 두고 떠나시다니

형,
가시는 길 배웅도 못했습니다
진정 내세가 있다면
그때 우리 더 많은 정 나눕시다.

1997. 1.

아! 오월의 하늘이여 〈46년만의 혈육상봉〉

아! 오월의 태양은 왜 저렇게 찬란할까
오월의 대자연은 왜 저렇게 아름다울까
우리 혈육의 만남을 축복해 주는 오월의 삼라만상이
더욱 아름답고 거룩해 보인다

사십육 년 여 세월
우리의 뜻 아니게 헤어져 생사도 모른 채
감시와 멸시받으며 숨죽여 살아왔고
부모님 가슴에 진한 멍 품으신 채 떠나가셨다

어찌 이럴 수가 있었을까요
이념이 무엇이기에 사상이 무엇이기에
핏줄 간의 천륜을 그렇게 철저히 단절시켜 놓았던가요

아버님 어머님
오늘이 왔습니다
천우신조 조상님 음덕으로 이제나마
우리 남매들 살아서 만났습니다
하늘나라에서라도 기뻐해 주십시오

우리 남매들 눈물도 말랐었나 보다

그렇게도 그리던 만남인데 막상 덤덤했다
형님의 첫 말씀이 “너희들 울지 마라” 하셨기 때문인지
그러나 우리는 가슴속으로 흐느끼고 있었다

고희를 넘기신 형님
뒷머리 모습이 아버지와 똑같으시다
나는 아무 기억도 없다

형님,
그 한의 세월 어찌 보내셨나요
한 번뿐인 생인데 쌓인 한이 얼마나 많으신가요
운명이라면 너무 얄궂은 조물주의 뜻입니다
형님 이제 텅 빈 마음으로 저희들과
건강하게 오래도록 사십시오.

1997. 5. 5

가을에 핀 진달래꽃 〈H의 첫딸 결혼식장 에서〉

연분홍 진달래꽃 한 송이
가을에 다소곳이 피었네
가녀린 꽃송이 살포시 웃음 짓네.

1997. 10. 26

조카 오선의 장지에서

하늘은 맑고 온화한데 벼락이 떨어졌다
온 세상에 그리고 우리 모두에게
이것이 한편 소설이었으면
그러나 현실이구나

할 말을 잊었노라
모두 잊고 싶노라
이런 현실이 왜 우리에게 주어졌단 말이냐

너의 묘지 다지는 북소리 둥둥
이것이 너를 보내는 이별가더냐

그래도 한 마디
조카 잘 가
내세에서는 더욱 큰 꿈 펼치고
우리 다시 삼촌 조카로 만나세.

1997. 11. 9

어머니 집을 찾아서

목화송이 같은 눈송이가 어두운 하늘에서
펄펄 내리는 무인년 캄캄한 새벽
어머니 산소를 향해 혼자 간다 가고 싶었다

전철 타고 청량리에서 버스 타고
발목 빠지는 눈길을 걸어왔다
무엇하러 왔느냐 이 눈 속에 한 마디 말씀 없으신 어머니
초라한 집이 얼마나 추우신가요

잔디도 제대로 못 입혀 드려 항상
마음에 걸렸습니다

막걸리 한 잔 따라 올리고
두 번 절하고
이것이 자식이 할 수 있는 도리의 전부인가요

어머니,
또 돌아가야 합니다
봄이 오면 다시 오겠습니다

*그러나 그것이 마지막
그 해 봄에 파묘할 수밖에 없었다.

1998. 1. 1

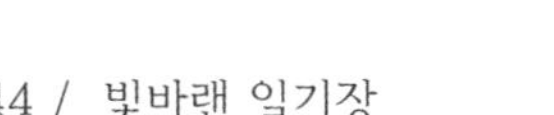

표류하는 배

또 해는 바뀌고 봄은 오는데
순조롭게 헤쳐 가던 작은 배는 방향을 잃고 표류한다
선장도 기관장도 사라지고 힘 없는 선원들만
작은 히터 하나 놓고 머리 맞대고 있다

외환위기가 몰고 온 풍파인가
선장의 안일한 처사가 가져온 필연인가

그 많던 일감 모두 끊기고
급여는커녕 점심 한 끼도 사발 라면으로 때운다

왜 이렇게 되었을까. 이제 어느 배를 타야 하나.

1998. 2.

나는 불효자 용서받지 못할 죄인

나는 역대에 없는 불효자입니다
막중한 죄인입니다

부모님 산소를 파헤쳐
유골을 태우고 부숴 우리 살던 오두막집
건너편 산자락에 뿌렸습니다

왜 그렇게 되었는지 참으로 묘한 일입니다
큰아들 보고 싶으셨던 한을 조금이나마
풀고 싶으셨던 것일까요
나는 정신이 몽롱했었습니다
자식으로서 도저히 할 짓이 아니었습니다

이제 한 해 두 번 찾아갈 부모님 초라한 뗏집도 없습니다
잔디를 풍성히 입혀 드리는 게 소원이었는데
그마저 이루지 못하고 말았습니다
아!
이것이 인생길의 무슨 과정이란 말입니까

어머님
아버님
내세에서는 더욱 정성껏 뫼시겠습니다.

1998. 3. 27

여름 산야는 나를 부르는데

올해에도 여름휴가 그것은 있다
하기야 매일 매일이 휴가지만

즐거워야 할 휴가 먼 산만 바라보며
방콕여행이나 해야 한다

아침 일찍 나간 아내가 막걸리와
돼지 족발을 사들고 헐레벌떡 달려온다
서방님 따분한 생각을 하고

더욱 보람 있는 휴가다
기억에 남을 휴가다.

1998, 8.

쓸 곳 없는 낫

해마다 이 맘 때면 쓰던 낫 두 자루
이제는 쓸 일이 없네

부모님 산소 벌초하러 새벽길 달려가고
밤늦어 후줄근히 들어오던 날들
그래도 그때가 삶의 보람이었는데

이제 낫은 녹슬고 쓰일 곳도 없으니
마음은 울적하네

아들 데리고 고향으로
벌초하러 간다는 친구들이
한없이 부럽네.

1998. 9.

회한과 참회의 글

무인년 저녁 해가 엷게 비치는 시각
해의 마지막 술병을 열어 놓고
지나온 길 뒤돌아보니
내 그림자는 휘청거리고
가슴은 납덩이처럼 무겁다

이제 갈 길은 온 길보다 훨씬 짧은데
어떻게 가야 하나
왜 인간으로 태어났을까
왜 이렇게 걸어 왔을까

이 세상 남들만의 것처럼 기웃기웃 구경이나 하면서
그 많은 날들 술에 취해 흐트러져
이승과 저승을 오가며 보낸 세월
한 우물 판답시고 걸어온 삼십년이 부끄럽구나

주제에도 맞지 않게 책장이나 펼치며
무엇을 얻었는가 무엇을 알았는가
나이는 벌써 쉰 중반인데
묵묵히 이 길을 걸으며 참회의 글을 써야 하나.

1998. 12. 31

다시 출발하는 고난의 항해

셋이 다시 배를 띄우기로 했다
이대로 헤어지긴 너무 아쉽다
S이사님을 선장으로 해서 다시 헤쳐 가기로 했다

거래선은 모두 끊기고 자본금은 없고
완전히 좌초된 낡은 배 다시 띄울 수 있을까

그러나 선장님의 능력과 공장장님의 경륜이 탁월하니
우리의 앞날은 밝으리라
꾸준히 인내하며 헤쳐가면 순조로운 뱃길도 열리리라.

1999. 6.

아침노을

새벽 5시
아무도 없는 관모봉이 나를 반긴다
장맛비 잠시 촉촉한 산길
향기로운 숲 맑은 새벽공기가
몸과 마음을 가볍게 한다

동편하늘이 붉게 물들었다
청계산 북봉으로 여름 태양이 불끈 솟아오르고
광명의 천지가 열린다.

계곡에서 뻐꾸기가 운다.
햇살에 단잠이 깨어 아쉬운지 배가 고픈지

자, 또 오르자 정상 태을봉까지
아무 생각 없이 오르자
천천히 오르자.

1999. 7.

새벽별을 보며

새벽별을 보며 공장으로 간다
큰 별 작은 별 무리지은 별자리
차가운 밤하늘을 지킨다

새벽별을 보면 마음도 새벽하늘처럼
고요해진다 인간의 길도 새벽하늘 같았으면

새벽별을 보며 살자
새벽하늘처럼 고요히 살자.

1999. 11.

세기의 끝자락에서

이십세기가 자락을 거둔다
나의 길도 한 점으로 남는다
어느 새 쉰 중반
정말 헛되게 걸어 왔구나

낡은 배는 힘없이 떠밀려 간다
광명의 날은 올 것인가

빠르게 스쳐가는 세월이
아쉽기만 해도
오는 세월에는
희망이 실려 올 것을 생각하며
살아가는 게 인생인가 보다.

1999. 12. 31

제 4부

못다 한 이야기들

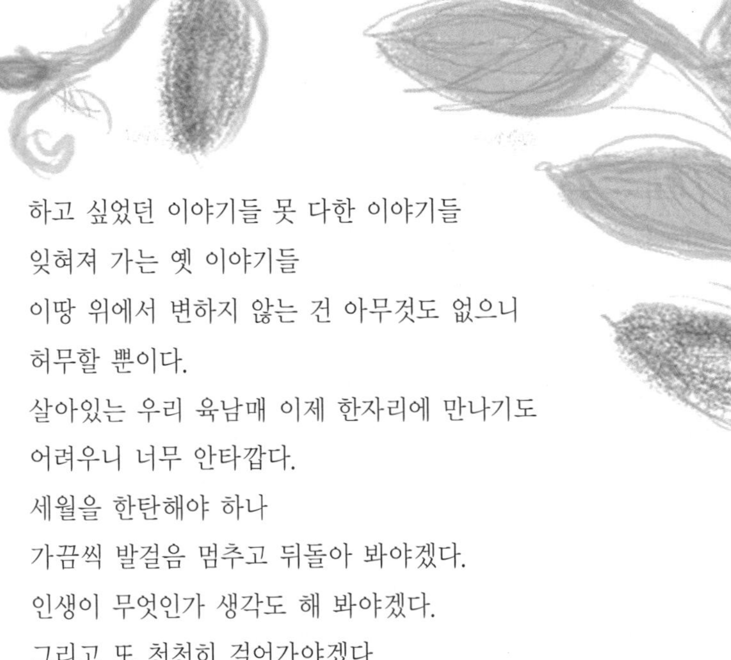

하고 싶었던 이야기들 못 다한 이야기들
잊혀져 가는 옛 이야기들
이땅 위에서 변하지 않는 건 아무것도 없으니
허무할 뿐이다.
살아있는 우리 육남매 이제 한자리에 만나기도
어려우니 너무 안타깝다.
세월을 한탄해야 하나
가끔씩 발걸음 멈추고 뒤돌아 봐야겠다.
인생이 무엇인가 생각도 해 봐야겠다.
그리고 또 천천히 걸어가야겠다.

낯선 산천을 혼자 떠돌며 월악산 영봉아래서

은사 남궁황 선생님

1959년 4월 중학교 입학
어린이를 벗어나 청소년으로 부푼 꿈을 안고 상급학교에 진학
당시에는 중학교 입학도 시험이 있었다.
물론 낙방생은 없었지만. 시골 중학교에 정원은 항상 미달이었다.
3개 초등학교에서 모인 50여명, 그 중에서 내가 1등이란다.
모교 장천의 명예를 떨쳤다.

그때 처음 뵙게 된 남궁황 선생님
호리호리하시고 깔끔하신 신사풍 음성도 카랑카랑하셨다.
우리들에게 학생의 길을 하나하나 엄격하시면서도
자상하게 가르쳐 주셨다.
꾸준히 정진하여라, 항상 이기는 사람이 되어라.

1960년 봄도 다 지나갈 즈음 내가 건강이 나빠져 며칠 결석을 하다,
읍내의 도립병원에 간적이 있었다.
선생님께서 시간을 내시어 어머니와 같이 나를 데리고 가주셨다.
어머니 혼자 어려우실 걸 아시고
힘내라고 나를 위로해 주시던 선생님

1961년 5월 군사 쿠데타 직후
고등학교는 정원미달로 이미 폐교조치 되었고
선생님께서도 어디론가 떠나가셨다.

소문이 분분했으나 확인할 길은 없었다.
다만 학교가 텅 비었고 우리가 의지할 정신적 지주를 잃은 상황이었다.
학교는 학교대로 학생들은 학생들대로 방황하고 있었다.
일부 선생님들은 수업을 거르기 일쑤였고 도박을 한다는 소문,
서로 싸운다는 소문, 실제로 학생들 보는 데서 치고받고 한일도 있었다.

또 영어담당 H선생님은 욕설이 무척 심했다.
물론 우리들이 떠들고 공부도 열심히 하지 않으니까
화가 나셨겠지만 참으로 듣기 민망할 정도의 욕설을 자주하셨다.
학생들이 모두 싫어했다.
학교가 학업의 전당이 아니고 불량배 소굴같았다.
우리들은 희망도 꿈도 잃어버렸다. 방황하고 있었다.

그래서 이대로는 안 된다, 우리들이 개혁을 해야 한다.
철없는 정의감에서 뜻을 모은 것이 H선생님을 배격하는
동맹휴학이었다.
후배들도 거의가 찬성이었다.

당시 서슬 퍼런 군사 통치 초에 우물 안 개구리 들은 정세도 모른 채
운동장에 모여 동맹 휴학을 선언했
3인 이상 집회가 절대 금지된 때였다.
그것을 알지 못했던 우리들. 학교당국도 그 상황을 계몽하지 않았다.

학교는 바로 파출소에 신고했고 경찰들이 달려와 대표 날인한 9명은
곧바로 연행, 곧바로 이천경찰서에 넘겨졌다.
모두가 벌벌 떨고 있던 시절이었으니 누구인들 마음의 여유가
있었겠는가.
파출소에서는 조사만 받고 올 것이라고 우리들을 안심시켰으나
호송 경관은 칼빈 소총을 휴대하고 있었다.
그렇게 경찰서에 들어가 곧장 75일 간의 격리생활을 했다.

경찰서에서는 더욱 삼엄한 분위기였다,
조사과정에서 욕설과 매질은 평상이다.
특히 나는 더욱 혹독하게 다루었다. 월북자의 가족임이 드러나
〈너의 형 어디 있어 인마, 말하지 않으면 죽어〉하며 협박했다.
결국 조서가 좌경사상자로 작성되어 군법회의에 회부되었다.
선생님께서 그 사실을 아시고 이 애는 그렇지 않다며 그 해
내 일기장을 증거물로 제출하셨다. 그것이 공판 과정에서 채택되어
더 큰 문제 없이 1년 간의 집행유예로 판결되었다.
선생님이 아니셨으면 중형을 면치 못했을 것이다.
선생님께서는 나를 다시 살게 해주신 생명의 은인이시다.

그때 공판정에 나갈 때마다 선생님께서 나오셔서 손을 흔드시며
용기를 주셨다. 그때마다 눈물이 쏟아졌었다.
그리고 군에 다녀오고 서울로 오고 바쁘고 쪼들리며 사느라

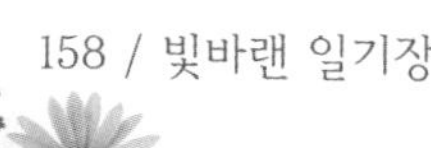

선생님을 잊고 십여 년 잊은 적은 없었지만 찾아뵙지를 못했다.
그러다 1972년 결혼식 때 선생님을 주례로 모셨다.
벌써 39년 전이다. 그리고 33년 뒤 아들 결혼식에도 주례로 모셨다.
흔하지 않은 일

어느덧 팔순을 앞에 두신 선생님
그 은혜 평생 잊지 않겠습니다.
부디 건강하시기를 기원합니다.

엄하기만 하셨던 나의 아버지

아버지 슬하에서 산 세월은 이십사년
그것도 군 생활 삼년 빼면 이십년 남짓이다.

왜 그렇게 엄하시고 말씀이 없으셨는지
웃으시는 모습을 별로 못뵈었다.
자식사랑은 속으로 하라는 유학의 가르침에 따라
아버지는 그 사상을 철저히 지키셨다.
자식들에게 칭찬보다는 꾸중이 항상 많으셨던 아버지
그 깊은 뜻을 그때는 이해하지 못했었다.

또 큰아들과 생이별 그 가슴속 고통
넓은 농토는 저수지에 잠기고 그 보상금으로
다시 장만할 수는 없었고
늦 아들 하나 학업의 길도 열어주지 못 하셨으니
얼마나 마음이 아프셨을까

항상 한문책을 펴놓고 읽으시던 아버지
풍수지리를 연구하시어 면내의 상사에는 거의 뫼시어 갔고
정작 아버지는 초옥 한자리 못 마련하고 가셨다.

어짐과 참음을 무언 속에 가르쳐 주시던 아버지

초등학교 입학 전 천자문 계몽편 동몽선습을 가르쳐 주신 아버지
그 시절이 그립습니다.

아버지,
이 자식 너무 못나게 살아 저승에서 어찌 뵈어야 할지
두렵습니다.

*어머니 이야기는 제 1시집 『젊은 날의 낙서』와 필동인지 『나의 어머니』에 실려 있음.

懷遠友隣四海平
堯天日月赫然明
三王大道今猶頌
蕩蕩乎民莫敢名

國無良佐難期政
家有賢妻自順成
得興失崩天定理
翻雲覆雨世常情

同里 鄭日求

吾邦統德報昇平
誰有青雲荏聖明
散從六國非融和
蘇儀自留古史名

仁上化中無備下
智廣謀大未難成
萬能一心團合的
五常三法徹由情

雲星面 長泉里 沈相範

家國融和是泰平
康衢煙月一天明
鄕學舊俗南川在
白日場中掛榜名

山無盜賊村安穩
野不飢寒歲太成
慈雨乾坤皆喜色
薰風草木共歡情

同里 蔡相喆

아버님 한시. 이천군 유도회
주최 백일장에서.
국태민안의 염원을 읊은시로
추정됨.

나의 큰 누님

“쓰일 때가 있으니 꾸준히 공부해라”
학업의 길을 잃고 좌절하고 방황하던 동생을
격려해 주시던 큰 누님
내 정신적 지주이시다.

그러나 누님 말씀 따라 꾸준히 공부도 못했고
공부 했다 한들 쓰일 때는 결코 오지 않았다.
나이 쉰이 넘어서야 불명예가 해소되었으니

어린 조카들 5남매 두고
매형님이 일찍 떠나시어
누님 혼자 기르고 가르치시어
모두 결혼시키시고
조카들 모두 바르게 자라 열심히 살고 있으니
평생의 거친 물결 굳게 이겨내신 보람이시리.

이제 팔순을 훌쩍 넘기신 우리 큰누님
자녀들 효도 받으시며
건강히 백수를 누리소서.

*둘째 누님 이야기는 제1 시집에 ‘둘째 누님 목소리’ 와 ‘먼저 가신 둘째 누님 영전에’ 두 편이 실려 있음.

셋째 누님과 손전등

1.5V 건전지 3개가 들어가는 손전등을 샀다.
새벽 산길 산책을 할 때 필요해서
어두운 길 환하게 밝혀주는 손전등

아주 오래된 추억이 떠오른다.
초등학교 시절이었던가, 그때는 후라쉬라고 부르던
손전등이 유행하던 때가 있었다.
밤이면 그것을 비춰고 돌아다니며
겨울철엔 초가지붕 처마 속에 잠자는 참새를 잡기도 했다.
캄캄한데 후라쉬 불빛을 비추면 참새들은
눈만 말똥말똥 뜨고 날아가지 못한다.
그러면 손으로 쉽게 잡는 것이다.

친구들은 그렇게 노는데 나는 그 후라쉬가 없었다.
어머니께 사달라고 조르기도 했다.
그러나 못 사 주실 건 나도 뻔히 알면서

어머니께서 어느 땐가 셋째 누님 댁에 가셨다.
그 이야기를 누님한테 하셨나 보다.
쓰다가 버려둔 후라쉬가 있어 누님이 정성껏 닦아
전구와 전지를 끼워 보내셨다.

나는 뛸 듯이 기뻤다.
나도 이제 친구들과 어울려 놀 수 있게 되었다

지금은 훨씬 좋은 후라쉬를 들고 새벽산책을 하며
누님의 그 사랑을 자꾸 떠 올린다.
언제였던가, 누님이 집에 오셔서 며칠 머물고 가신 적이 있었다.
주래장터에나 가야 버스가 있어서 거기까지 따라갔었다.
이십리 길 무슨 이야기들을 하며 걸어갔었는지 기억은 없는데
버스가 누님을 싣고 달려가는 것을 한동안 넋 빠진 채
바라보고 있었다. 아마 울먹였을 것이다.
그리고 또 이십리 길을 터덜터덜 걸어오던 허전한 마음
그때 누님은 짐작하셨을까?

그렇게 다정하신 셋째 누님
지척에 살면서도 뵙기 쉽지 않네요.
그때 마음은 변치 않고 있어도
누님 부디 건강 하세요.

제일 오래 함께 살았던 넷째 누님

올해 고희를 맞으신 넷째 누님
부모님 슬하에서 제일 오래도록 함께 살았지요.

학업의 길도 가시지 못하고 집안일로
꽃다운 시절을 다 보내신 넷째 누님.

억척스레 겨울 땔나무 해 모으시고
어머니와 밭일 가마니 짜는 일 마다 않으신 누님.

나와 같이 봄나물 캐러 다니던 일
웅덩이에 물고기 잡으러 다니던 일
그 시절이 행복 했나봅니다.
너무 가난하고 외로웠던 시절
정말 옛날입니다.

잘 생긴 청년 만나 결혼
누님이 시집가시던 날 얼마나 허전했었는지
누님도 울먹이며 자꾸 뒤돌아 보셨지요.

착하고 자상하시던 매형님
성장과정 만큼이나 어두운 그림자를 지니시고

번창하던 사업 사양길로 접어들어 고향을 떠나 오셨지요.

그 고뇌가 얼마나 크셨겠습니까?
그리고는 다시 피어보지 못하신 채 떠나 가셨으니
너무 안타깝습니다.

죽음을 앞에 두고도 "살 만큼 살았는데" 하시며
담담하고 태연하던 모습
그 모습이 문득문득 그리워집니다.

누님,
인생은 칠십부터라 했으니
이제부터 다시 시작하시는 겁니다.
누님 건강하세요.

하나뿐인 누이동생

누이동생도 벌써 예순 중반
세월이 참으로 빠르다.

늦둥이로 불우한 가정에 태어나
왜 영리했으나 뜻을 펴보지 못하고
젊은 시절 보냈구나.
이제 두 아들 잘 자라서 잘 살고 있으니
마음은 평안하겠지.
매부와도 함께 그렇게 평범히 살아가면
얼마나 좋겠니.
사람살이 평범하고 큰 문제없이 사는 것밖에
더 바랄 게 무엇이겠니.

나는 동생에게 미안한 마음 항상 간직하고 있다.
네가 많이 어려울 때 청하던 도움을 냉정하게 거절한 일
지금은 이해할 줄 믿는다.

오래된 얘기 한 가지 할께
오빠 초등학교 저 학년때 어머니께서 예산 누님 댁에 가셔서
며칠 묵은 적이 있었다.
어린 너는 저녁때가 되면 엄마를 찾으며

엄마 오나 보러가잔다.
뒷동산에 둘이 올라가서 건너편 논둑길을
눈이 빠지게 바라보다가 캄캄해지면 너는
울음을 터뜨렸지.
그런 너를 들쳐 업고 내려오며
〈울지 마, 내일은 꼭 오실거야〉하며 달랬지만
사실은 나도 울고 있었다.

그렇게 가난과 외로움 속에서 우리는 자랐고
오빠 나이 들어 너에게 부모님 맡기며 군대 가던 일
너 정신적 방황할 때 따뜻한 말 한마디 못해 준 오빠
건강도 좋지 않던 네가 집 떠나던 일 등
무정한 이 오빠를 용서해다오.
그리고 남은 세월이나 오누이의 정 변치말자.

개정증보판

THE ENCYCLOPEDIA OF KOREAN POETRY

한국시대사전

허영자 · 윤금초 · 윤해규 편저

EJP 이제이피북

회한 속살의 角木을 켠다.
가장 빛나는 집을 짓고 있다.

심서섭 沈西燮 Sim Seo-seob

1945. 5. 11~
시인. 충청남도에서 출생. 경기도 이천시 설성면 장천1리에서 성장. 1969년 8월 전기제품 생산업체 생산직 사원으로 입사. 현재까지 동일직종에 근무. 2005년 월간 〈순수문학〉지에 시 「고향의 그 길을 걷고 싶다」 등이 추천되어 문단에 등단. 한국문인협회·순수문학인협회 회원. 뿌리와 열매 동인. 필동인으로 참여. 시집 〈젊은날의 낙서: 2007, 순수문학〉 상재. 심서섭 시인의 작품 경향은 그리움을 슬픔의 형태로 형상화하고 있다. 슬픔을 통해 상실한 대상, 이지러진 대상, 변해버린 대상에 대한 그리움을 형상화함으로써 정화된 세계를 구현하고자 하고 있다. 현재 경기도 군포시 산본2동 1066 개나리아파트 1329동 2305호에 거주.

고향의 그 길을 걷고 싶다

이십여 년 내가 자라고
우리 아버지 늙어 돌아가신 곳

낮은 산자락에 엎드린 초가집 가는 길
왜소나무 사이로 난 오솔길

책 보따리 어깨에 메고
6년 동안 뛰어서 오가던
질척한 황톳길

서울 가는 완행버스 하루 두 번
뽀얀 먼지 일으키며 달려가던 신작로
길가에 미루나무들이 서있었다

북쪽 십 리 산동네로 시집간
둘째 누나집 가는 길
머리카락 쭈뼛해지는 공동묘지 지나서
산오리나무 듬성듬성 서 있는 고갯길

초여름 밤이면
개구리 요란히 울어대고
기름진 논밭 흙냄새에
아까시꽃 향기 한데 섞여
첫사랑 그리움처럼 밀려오던
고향의 그 길을 걷고 싶다

달과 별의 속삭임

새벽 네 시 반
동편 하늘 저 끝에
눈썹같은 그믐달 걸려있다

그 앞에 샛별 하나 초롱초롱
둘이서 정답게 얘기하고 있다

무슨 얘기할까
사랑을 속삭이나
둘이는 금방 포옹할 것 같다

성호지

겨울잠에서 깨어나
새 봄을 노래하는 성호지 맑은 물결

물오리떼 한가로이 떠있고
밤안개 아스라이 피어오른다
저리도 아름다운 호수야
너는 아느냐
내 부모님 아픈 가슴을

하늘바라기 한 섬지기 논에서
늙어 꼬부라지신 우리 아버지
네 품속에 잠기는 모습 바라보시며
힘없이 낚싯줄 담그시던
내 아버지 모습을 보았느냐

보름달이 호수에 잠겨
금물결이 찰랑거린다
늦은 봄 밤바람이 부드럽다

성호지
아! 꿈속의 고향이여!

칠 남매
-부모님 영령께

부모님 핏줄 이어받아
이승에서 인연 맺은 우리 칠남매

맏이 형님
그리고 누님 네 분
덤으로 아들 하나, 딸 하나

어느덧 여든 중반에서
진갑까지 되었다

어둡고 가난했던 그 시절
우릴 기르고 가르치신 부모님
그 고생 어찌 헤아리리오
그 은혜 조금도 갚지 못해
눈물이 납니다

아버님 어머님 기뻐하십시오
생사조차 모르던 형님도 만났습니다
그 긴 세월은 우리의 아픔이었습니다
인간이 풀 수 없는 사슬의 아픔

하늘과 땅이
조상님 음덕이 풀어주셨습니다
어머님 아버님
이제 생시의 한 모두 풀으시고
천국에서 영생하십시오

이별의 날

1962년 2월 8일
함박눈이 탐스럽게 내리는 아침
마지막 등굣길
하늘이 우리의 앞날을 축복하는지

중학교 졸업식
영욕으로 얼룩진 삼년이 끝나는 날
나에게는 학창시절이
영원히 끝나는 날이었다

〈철없는 어린 양들 길을 비치어……〉
이별의 노래를 끝으로 졸업식도 끝나
쓸쓸히 교문을 나서는 우리들
잘도 떠들어 댔건만
오늘은 모두가 침울하다

이별은 모두에게 서러운 것
다시 만날 약속도 없는 것

백합 같은 여학생 H도
눈이 빨개졌다
눈가에 흐르는 물줄기
눈송이가 녹아 흐르니
꼭 다시 만나자

공단의 소쩍새

갯바람 훈훈한 오월 하순
자정이 넘은 반월공단
짧은 밤은 새벽을 향해 달려가고

기계도 멈추고
공장 불도 꺼지고
좁은 숙소엔 코골음 소리 요란하다
나만 잠 못 이루는 밤

보름달이 창문으로 들여다본다
어디선가 소쩍새가 운다

마음은 집으로 달려간다
서울 동쪽 끝 셋방으로

자식걱정에 잠 못 이루실 어머니
피로에 지친 아내
어린 민아 현아
너희들은 잘 자고 있겠지

나는 무기수다
무지와 무능의 죄를 업고
자유를 갈망하는
인생의 복역수다

벌초

조상님 산소에 벌초하는 때이다
여름내 자란 잡초를 베고
장마에 훼손된 곳을 손질해서
겨울을 안락하게 지내시도록
해야 한다

여러 친구들이 고향으로
벌초하러 간다고 했다
아들도 데리고 간다고
그 친구들이 부럽다

나는 갈 곳이 없다
고향이 없다
벌초할 부모님 산소가 없다

조부모님
부모님 산소도 지키지 못한
불효자는 나쁜이다

구로역 메밀꽃

구로역 1번 승강장 옆에
좁고 긴 밭이 있다

가을도 오기 전 코스모스가
피었다 시들은 자리에
메밀을 뿌려 돋아나더니
찬바람 맞으며 자라 꽃을 피웠다

가을꽃들도 모두 시들었는데
하얗게 피어난 메밀꽃
소복의 여인처럼 가녀리고
애처럽다

봉평의 비탈밭에서 활짝 피어날
너의 모습
쇠바퀴소리 요란한 구로역 한편
그래서 더욱 사랑스럽다

2005년

경남(京南)50년사

중학교 50주년 · 고등학교 40주년

경남중 · 종합고등학교

잃어버린 학창 시절의 날들

중학교 입학식

◆중5회, 심서섭 동문

단기 4292년(서기 1959년) 4월 7일, 중학교 입학식이 있었다.
까만 교복에 검은 모자, 면내 2개 초등학교와 인근 면에서 모인 50명의 가까운 학우들이 인연을 맺은 날이었다. 만물이 생동하기 시작하는 봄날, 좀 더 높고 넓은 학업의 길을 시작한 것이다. 그것이 벌써 46년의 세월이 흘렀고 그때 그 사람들도 환갑 고개에 올랐네! 더러는 떠나가고!

학도호국단 입단 및 모범호국단원상 수상

1주일 뒤 우리는 정식으로 학도호국단원이 되었다. 학도호국단은 4·19 이후에 폐지되었는데 당시에는 중·고등학교에 의무적으로 조직되어 있었다. 제식훈련, 사열, 분열, 등 군사훈련을 한 것이다. 학도호국단은 절도 있는 행동, 굳건한 애국심을 심어주는 데 큰 역할을 했다. 호국단가도 열심히 배우고 익혔는데 그 가사는 이렇다. 〈태평양 큰 물기슭 대륙 동녘에 우뚝 솟은 백두산 민족의 정기 화려한 금수강산 이루었으니 하늘이 주신 나라 지켜 나가세 우

◆학도호국단 입단식-고성욱 동문 제공

리들은 삼천만 민족의 태양 피 끓는 호국단 학도 호국단〉

표창장

이 사람은 애국애족의 정
신이 투철하며 학도호국
단 운영에 공로가 크고 학도
로서 선범이 현저하여 타
단원의 수범이 되므로 이에
상장을 수여하여 표창함

◆학도호국단 경기지사상

그해 11월 3일, 당시에는 학생의 날이 지정되어 있었다. 뜻밖에도 도에서 상을 준다고 해서 당시 서무담당 김태정(작고) 선생님을 따라 서울로 갔다. 그 당시 경기도청이었던 것으로 기억하는데 넓고 으리으리한 사무실에 사람들이 꽉 찼고 열 명의 중학생들이 불려나가 일렬횡대로 섰다. 내 모습이 어떠했는지 상상도 안 된다. 촌티 뚝뚝 떨어지는 촌놈, 그것밖에! 당시 도지사(최헌길님)님으로 생각되는 어른이 단상에 의젓이 서 계시고 누가 상장을 대독했다. 당시에는 그 내용이 한마디도 귀에 들어오지 않았다. 나중에 정신을 차리고 읽어보니 "이 사람은 애국애족의 정신이 투철하며 학도호국단 운영에 공로가 크고……" 다 읽고 속으로 웃음을 금치 못했다. 풋내기 중학생이 무슨 애국애족이고 무슨 공로가 크단 말인가? 앞으로 그렇게 하라는 격려겠지! 교장 선생님(이성모님)과 여러 선생님들의 추천으로 그런 분에 넘치는 영광을 받았다. 선생님들께서도 기뻐하셨다. 도내에서도 오지(奧地)였던 우리 고장의 조그만 학교가 조금이라도 알려지는 기회가 되었으니!

수학여행

그해 10월 13~14일 속리산 법주사와 부여로 수학여행을 갔었다. 1학년만 갔던 것으로 생각되는데 당시 카메라도 없던 시절, 아니 아주 귀하던 시절이라 사진 한 장 없는 것이 아쉽다. 그러나 기억 속의 사진은 희미하게나마 남아있다. 정이품송의 기묘한 모습, 법주사 팔상전, 입불상의 웅장한 모습, 부여 박물관 낙화암의 애절한 사연, 고란

사의 신비 묵묵히 흐르던 백마강 등이 생각난다. 그 여행을 가기 위하여 나는 단 한 번 아버지의 명에 불응하는 불효를 저질러야 했다.

4.19 학생혁명

2학년이 되지 얼마 안 된 4월 20일경 학교에서 학생들이 모여서 수군거렸다. 서울에서 대학생들이 자유당정권에 반대하는 데모를 벌이고 있어 진압경찰과 충돌하고 차츰 대도시로 번져간다는 것이다. 통신수단이나 공보매체가 거의 원시적이던 그 시절에 그런 사건을 금방 알기란 쉽지 않은 것이 당연했다. 곧 중·고등학교에 휴교령이 내리고 자유당정권은 종말을 맞았다. 그리고는 내각제를 한다든가 했는데 서민들의 생활이 달라진 것은 없는 것 같았다.
정치가 무엇인지 관심도 없었다. 하기야 유권자도 아니던 시절이었으니!

백합꽃 같던 두 여학생

학교 옆 사택에 먼 곳 여학생 둘이 자취를 하고 있었다. 물론 우리반 여학생이다. 방과 후에 학교에 남아 이것저것 정리도 하고 늦게 돌아갈 때, 그네들은 하얀 원피스로 갈아입고 무엇들을 하는지 바빴다. 그 모습들이 초여름에 핀 하얀 백합꽃 같아 지금도 잊혀지지 않는다. 영원한 한 떨기 백합이기를!

중학교 총 학생회장 인수

3학년 선배가 맡고 있던 총학생회를 2학년에게로 넘겨주었다. 11월인데 선배들은 고입시험을 준비해야 하니까 학교일은 2학년이 맡아서 해야 한다는 것이었다. 관행이었는지 그 해 처음 실시한 것인지는 모르나 어깨가 제법 으쓱해지기도 했고, 무거워지기도 했다. 더구나 내

년 4월 회장 선출 때까지 내가 회장직을 맡게 되어서!

국어 선생님(이옥순 선생님)을 화나게 했던 일

12월 어느 날, 국어시간이었다. 선생님께 경례가 끝났는데 누군가가 "선생님, 이야기나 해 주세요"했다. 누군지는 기억이 안 나는데 상당히 용기 있는 친구인 것 같았다. 선생님께서는 갑자기 무슨 이야기냐며 공부를 시작하자고 하신다. 그러나 여기저기서 "이야기 해 주세요."하며 웅성거리니 군중 심리는 급속도로 가열되는 법, 소란스러워졌다. 한동안 진정이 안 되고 선생님께서도 어찌하실 바를 몰라 하셨다. 급기야 교감선생님께서 쫓아 오셨다.
조용히 공부하라며 나가셨다. 그러자 누군가가 또 "선생님, 그것보세요, 진작 이야기 해 주셨으면 괜찮았지요." 한다. 그 말에 선생님은 더욱 화가 나셨다. 나오라고 해도 안 나가니까 회초리를 들고 그 친구에게 가서 등짝을 사정없이 두드리셨다. 선생님이 그때처럼 화내시던 모습은 처음 뵈었다. 그 선생님, 지금은 할머니 되셨겠지! 한번만이라도 뵙고 싶다

생물 담당 조태혁선생님(작고)의 사직

해가 저물어가던 12월 하순이었다. 생물을 가르치시며 신비스런 이야기도 해 주시던 선생님께서 교직을 떠나신다고 작별 인사를 하셨다. 서울에서 공부를 더 하신다고. 참으로 다정하시고 철저하게 가르쳐 주신 선생님이었는데. 가슴이 텅 비는 듯 허전했다. 근자에 작고하셨다는 소식을 들었다. 그때 헤어지고 한 번도 찾아뵙지 못한 채. 아! 내가 너무 무심하게 살았구나! 선생님! 용서하십시오. 그리고 명복을 빕니다.

머리 기르게 해 달라고 투정 부리던 일

2학년 말이 되고, 나이가 좀 들었다고 남학생들은 빡빡머리가 싫다고 투덜거렸다. 윗머리만 조금 기르는 스포츠형으로 해 달라고 담임 선생님께 건의했다. 그러나 학교에서 허락하지 않았다. 다른 학교들은 어떻게 하고 있었는지? 머리카락이 그렇게 소중했던지?

고등학교 폐교와 남궁황 선생님의 실종

3학년 초, 몇 안 되는 고등학생 선배님들이 하나, 둘 사라지더니 곧 폐교 처분이 내린다는 소문이 들렸다. 인원 미달이라던가 뭐라던가? 호랑이보다 무섭던 규율부원 없으니 좋았으나 내 고장에 고등학교가 없어지면 우리들은? 그리고 어느 날인가 남궁황 선생님도 나오시지 않았다. 아무도 이유를 몰랐고 학교에서도 일체 언급이 없었다. 그것으로 남궁황 선생님과의 학창 인연은 끝이었다. 고등학교도 계속 운영되고 선생님이 계셨더라면 내 진로도 달라지지 않았을까? 부질없는 상상, 운명이란 정해져 있는 것이라는데!

5·16 군사쿠데타와 철없는 개혁심

그 당시 학교 분위기는 매우 혼란스러웠다. 선생님들도 성의가 전혀 없어 보였다. 이러한 상황에서 학생회는 동맹 휴학을 결정하고 말았다. 학생들 간에 가장 원성을 많아 받았던 어떤 선생님을 배격하자는 것이었다. 계엄령 하에서 그런 일을 했으니 우물 안 개구리가 따로 없었다. 그런데 지금도 풀리지 않는 의문점은 5·16 이후 그 날까지 약 1주간의 시간이 있었는데 학교에서는 누구도 5·16에 대해서 이야기해주지 않았고, 계엄령 하에서는 어떻게 행동해야 한다는 것을 알려주지 않았다. 알았으면 그런 행동은 하지 않았을 것이다. 일을 저지르고 난 뒤 여러 선생님들과 사친회장님(이완종님)까지 달려와 이런

저런 이야기들을 하시는 것이었다. 우리는 공포에 떨었고 곧 바로 구속, 붉은 벽돌 커다란 집에서 높은 담치고 간수가 지켜주는 우대를 받으며 75일간 수양하는 계기가 되었다. '재작년엔 모범학도 수상 자가 오늘은 범법자가 되다.' 서울, 경기지구 계엄 고등군법회의, 그 당시 경기도청으로 짐작된다. 재작년 학생의 날에 표창장을 수상하던 곳, 선과 악이 공존하는 것일까? 김봉환 변호사님과 남궁황 선생님, 그리고 여러분들의 노력으로 75일 만에 광명을 찾았다. 잊지 않으리다! 영원히! 그때의 여덟 동지들이여! 자주 만나고 옛날이야기 하세!

재건의 북소리

4294년(1961) 10월 11일 읍에서 초중고 백일장 대회 열렸다. 재건국민운동 이천군 촉진회 주최로. 주제(主題)가 "재건의 북소리" 였다. 재건(再建)의 기치 높이 올린 시기였다.
몇명이 참석했었는지 모르는데 내가 중등부 2위에 입상했다.
1등은 양정여중생이었다고 했다. 작으나마 또 한 번 학교의 이름을 알린 것이 자랑스러웠다.

분교와의 예·체능 경기에서 완패

5·16 후 율면의 배영중학교가 우리 학교로 통합되어 율면분교로 된 적이 있었다. 본가(本家)라는 자부심도 가졌었다. 본교와 분교의 학생들 친목을 도모한다는 취지에서 예·체능 경기대회를 10월에 가졌다. 종목은 축구, 배구, 탁구, 릴레이, 음악, 웅변, 작

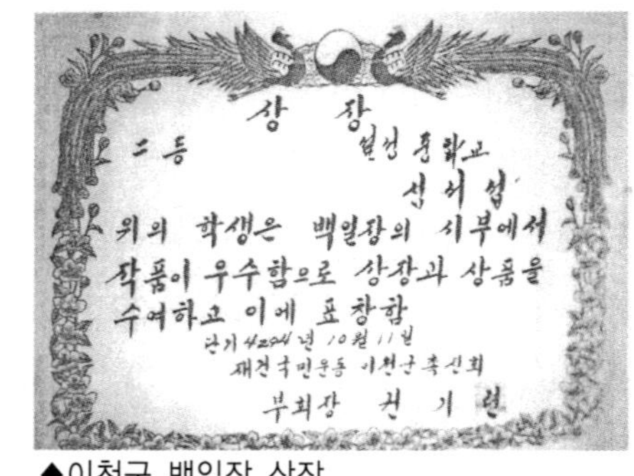

상 장

二등 설성중학교

신서섭

위의 학생은 백일장의 시부에서
작품이 우수함으로 상장과 상품을
수여하고 이에 표창함

단기 4294년 10월 11일
재건국민운동 이천군 촉진회
부회장 권기련

◆이천군 백일장 상장

문 거기에서 체육경기는 모두 지고, 음악, 웅변도 모두 2, 3등. 내가 참가한 작문 하나만 1등을 하는 참패를 당했다. 본가로서의 체면이 완전히 구겨진 일이었다.

각고 끝에 이루어진 졸업 여행

가난이 대물림되었던 시절, 그 어두운 시절에 그래도 졸업여행을 할 수 있게 된 것은 당시 윤주태 교장선생님과 김태양 담임선생님의 노력이 컸다. 회비가 걷히지 않아 날짜를 두 번씩 연기했고, 가정 방문을 하시며 설득을 하시었다. 학비도 몇 달치씩 밀려 쫓겨 오기도 하고 시험을 못 보기도 하던 시절이었으니까! 정말 어렵게 이루었다.

◆강화도 전등사-김태양 선생님과 함께 (고성옥 동문 제공)

1961년 11월 2일부터 4일까지는 창경궁, 강화 마니산, 전등사, 수원성, 농업시험장 등을 돌아보았다. 모든 것이 신비스럽고 감격적이었다. 세상은 얼마나 넓고 다양하고 찬란한가? 이 세상의 장차 주인공인 우리들 더욱 열심히 갈고 닦아야지!

눈 내리던 날의 이별

1962년 2월 8일 그날은 아침부터 눈이 내렸다. 봄이 아직 너무 이른가? 함박눈이 펄펄 내린다. 오전 10시 졸업식, 실감이 나지 않았다. 선배들 졸업식 때, 예행연습을 하는 것 같았다. 그러나 재학생의 송사를 듣고, 내가 답사를 하고, 우리 몫인 졸업식 노래 “철없는 어린 양들 길을 비치어 거치른 세상풍파 막아 주시던 스승님 사랑과 아우의 정성 영원히 가슴에 품으오리다." 2절을 부를 때는 콧날이 시큰해왔다. 현실인 것이다. 학창의 날들이 끝이로구나! 재학생들의 쓸쓸한 박수를 받으며 선생님들께 머리 숙여 절하고 터벅터벅 교문을 나섰다. 그러나 내일 다시 모일 것 같았다. 꼭 그런 날이 올 것 같았다. 여학생들은 눈가에 물기가 어렸다. 언뜻 눈길이 마주친 하얀 원피스의 그녀도 눈망울이 촉촉이 젖어 있었다.

하늘에서 내린 눈송이가 들어가 눈물이 되었나, 가슴에서 솟아난 서러움이 눈물이 되었나.

제 5부

그리운 얼굴들, 정겨운 필적들

짧은 만남,
긴 헤어짐.
그러나,
추억은
더욱
길다.

◆ 선생님들 말씀은 연배순으로 실었음을 알려드립니다.

졸 업

4295 설 성 1962

제5회

From 조 태혁 (趙泰赫) To 심 서섭

귀하의 본적 경기도 이천군 부발면 산촌리 372

주소 경기도 이천군 부발면 산촌리 372

탄생 1930 년 3 월 1 일

가장 기뻤던 일 경자년 여름 군의 신병 회복차도.

가장 슬프던 일 신축년 6월 24일 (군의 구속) 신문기사를 보고

저의 단점 활성이 없음

저의 장점 양심적이며 솔직함

권하시고 싶은 서적 성경

귀하의 인생관과 저에게 하실 말씀 세계관을 확립하자

1 Learn not and ~~know~~ not.

2 Example is better than precept.

3 Failure teaches Success.

From Suang Suan

귀하의 앞날 영원히 [illegible]

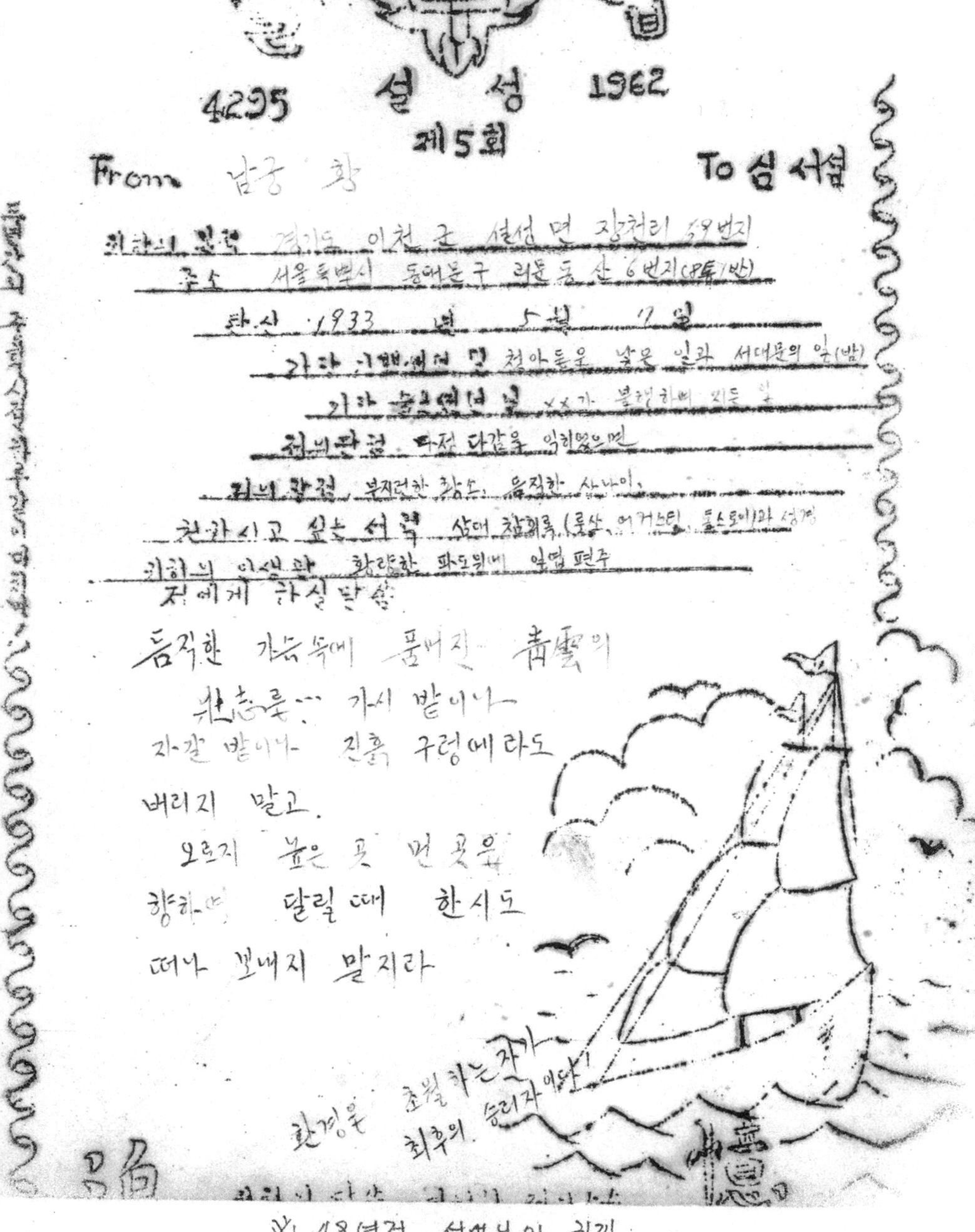

졸업

4295 설성 1962

제5회

From 남궁 황 To 심서섭

귀하의 본적 경기도 이천 군 설성 면 장천리 59번지

주소 서울특별시 동대문구 리문동 산 6번지(8통1반)

탄생 1933 년 5 월 7 일

가장 기뻤었던 일 첫아들을 낳은 일과 서대문의 일(밤)

가장 슬펐었던 일 ××가 불행하게 되는 일

귀하의 단점 다정 다감을 익히었으면

귀하의 장점 부지런한 황소, 듬직한 사나이,

권하시고 싶은 서적 삼대 참회록 (룻소, 어거스틴, 톨스토이)과 성경

귀하의 인생관 황량한 파도위에 일엽편주

저에게 하실 말씀

듬직한 가슴속에 품어진 靑雲의
뜻(志)을… 가시 밭이나
자갈 밭이나 진흙 구렁에라도
버리지 말고.
오로지 높은 곳 먼 곳을
향하여 달릴 때 한시도
떠나 보내지 말지라

한계를 초월하는 자가
최후의 승리자이다!

呂白

※ 49년전 선생님의 친필.

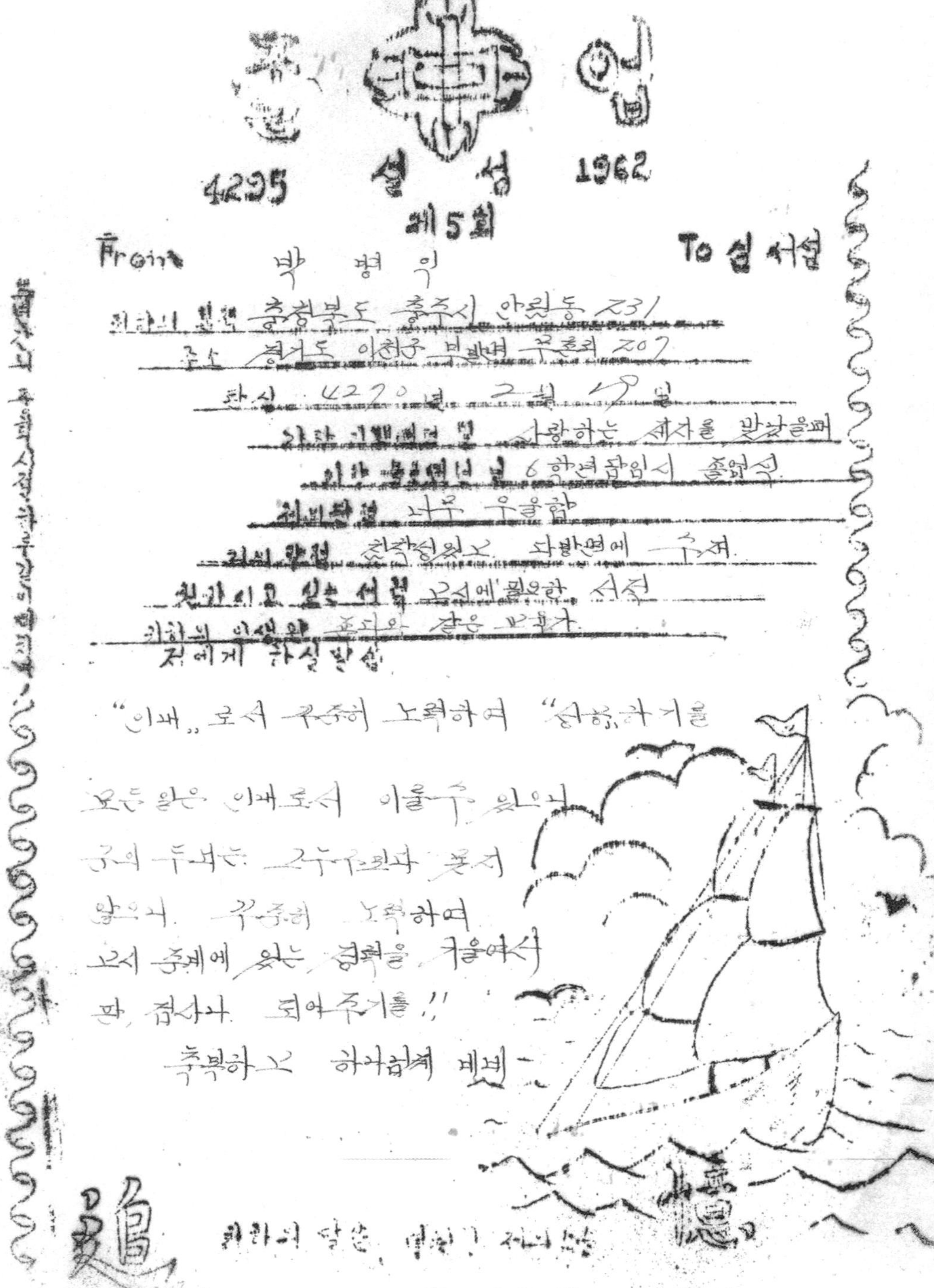

4295 1962
제5회
From 박 명 익
To
충청북도 충주시 안림동 231
경기도 이천군 부발면 무촌리 207
4270 년 2 월
사랑하는 제자를 맞았을 때
6학년 담임시 졸업식
너무 우울함
다방면에 수재
고시에 필요한 서적
"인내" 로서 꾸준히 노력하여
모든 일은 인내로서 이룰 수 있으니
꾸준히 노력하여
고시 준비에 있는 능력을 기울여서
판, 검사가 되어주기를!!

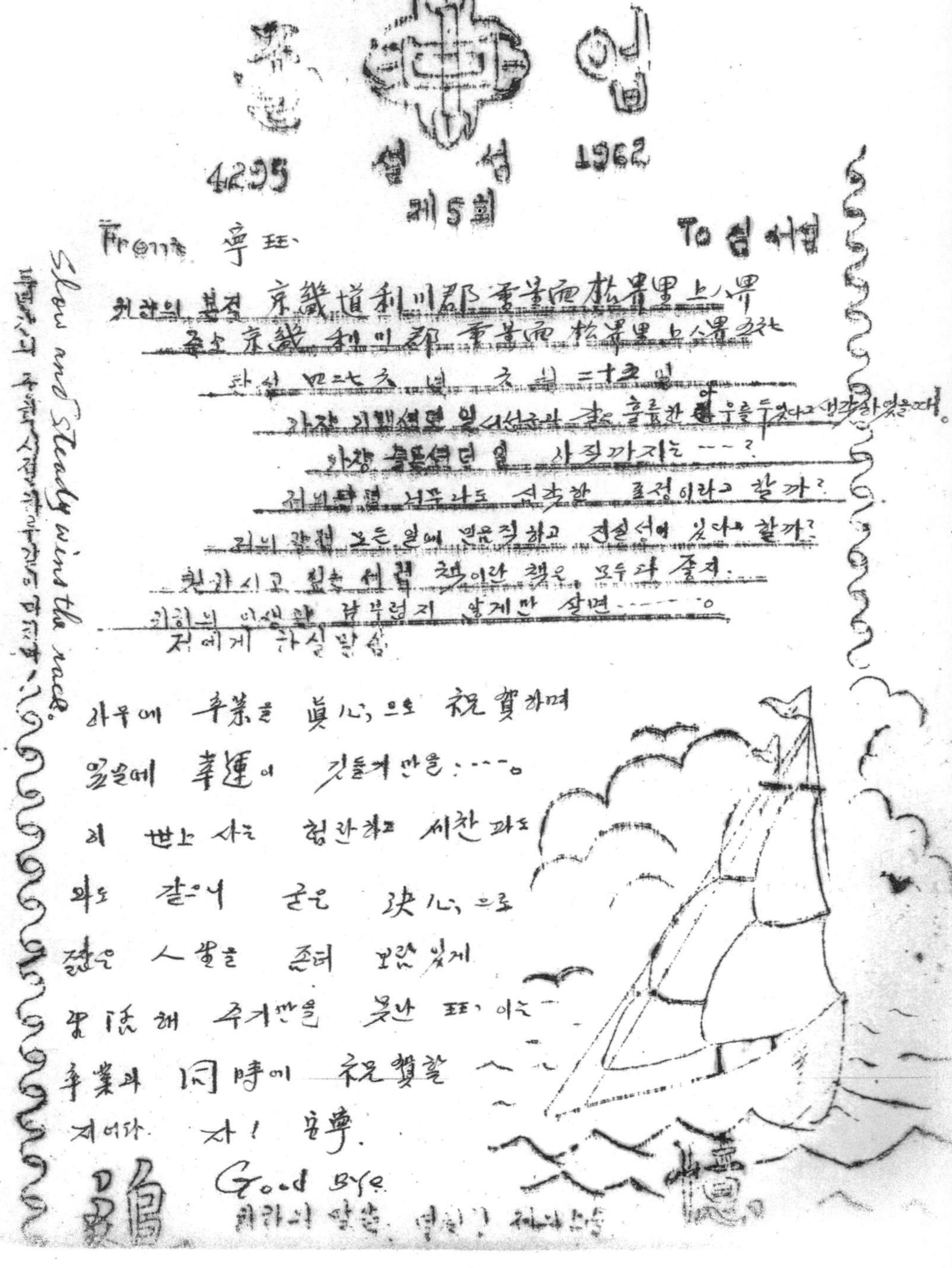

졸 업

4295 1962

제5회

From 亭珏 To 심재열

귀하의 본적 京畿道 利川郡 ...

주소 京畿 利川郡 ...

탄생 四二七六년 六월 二十三일

가장 기뻤던 일 ...

가장 슬펐던 일 아직까지는 ---?

귀하의 성격 너무나도 신중한 표정이라고 할까?

귀하의 장점 모든 일에 ... 하고 ... 있다고 할까?

원하시고 싶은 서적 책이란 책은 모두 다 좋지.

귀하의 인생관 남부럽지 않게만 살면 -----。

저에게 하실 말씀

하루에 卒業을 眞心으로 祝賀하며
앞날에 幸運이 깃들기만을 ---。
이 世上 사는 험난하고 세찬 파도
와도 같으나 굳은 決心으로
젊은 人生을 좀더 보람있게
生活해 주기만을 못난 珏이는
卒業과 同時에 祝賀할
께어다. 자! 安寧.

Good Bye

Slow and steady wins the race.

행복하던 학창시절 잊을길 없어!

追 憶

From young [illegible] Lee　　To 심 서섭

4295　　1962

주소 : [illegible]道 [illegible]郡 [illegible]面 [illegible]里 [illegible]番地

생년월일 19[illegible]6年 6月 二十[illegible]日生　혈액 B 형

가장 기뻤을때 中學校 入學 했을때

가장 슬펐을때 [illegible] 5월 [illegible]에 [illegible]

졸업후의 직업 [illegible] 및 農業의 [illegible]

희망 [illegible]한 農夫　취미 Music

나의단점 沈 默

나의장점 [illegible] 意志

그대가 좋아하는(남, 여)성의 성격 clean and tidy style 검소한

그대가 나에게

Saying : Time is money. Friedship is one soul in two bodies. Friendship is stronger than kindred. Life has no pleasure nobler than that of friendship

親愛하는 沈君!!

On with saying friendship in forget.

[illegible] [illegible] [illegible]의 인생조류에 [illegible] [illegible] [illegible] [illegible] [illegible] [illegible] 함을 한 親友가 아닌가? Pen을 [illegible] [illegible] 헤어지기 [illegible] 하여 [illegible] [illegible] [illegible]을 맺네. [illegible] [illegible] [illegible]에서 [illegible] 사회에서 [illegible] 인생 [illegible]에 [illegible] [illegible]을 밝히자고!!

Now! good bye and Good lucky

설성중학교 제5회 졸업기념 [illegible]

<좋아하는 시나 감명깊은 소설의 제목을 후면에>

행복하던 학창시절 잊을길 없어!

From 박용덕 追 憶 To 심서섭

4295 1962

주소 경기도 이천군 설성면 송계리 독정.

생년월일 4278年 1月 11日 혈액 A 형

가장 기뻤을때 4294년 5월 22일 오전 11시경.

가장 슬펐을때 그대와 함께 졸업을 못할때.

졸업후의 직업 상업

희망 정치가 취미 책 읽기

나의 단점 왜 그렇게 여드름이 많이 났는지?

나의 장점 친구간의 의리를 잘 지키다

그대가 좋아하는 (남 여) 성의 성격 고집이 세지 Style은 날씬한 것.

그대가 나에게

심군이여,

인생살이가 이렇게 되는것을 나와 똑같이 경험 했을 것이요:

4294. 5월 어느날을 생각하여 더욱 굳건히!

싸우고 열심히 공부 하시요.

그때에 우리들을 비웃는 라고 말했은 것이요.

심군! 끝까지 노력 하여

군이 앞날의 큰 공을 세운다면 나는

내가 한것 이상으로 기쁘게 환영 할것이요.

아무쪼록 끝까지 노력 하여 우리의 희망을 (빛)

앞날에 큰 일꾼이 되길 바라는 바이요

설성중학교 제5회 졸업기념

<좋아하는 시나 감명깊은 소설의 제목을 후면에>

행복하던 학창시절 잊을길 없어!

From 오성선 追憶 To 심서섭

4295 1962

주소 경기도 이천군 설성면 장능리 능동 395번지

생년월일 4297년 9월 17일생 혈액 O형

가장 기뻤을때 입학 당시

가장 슬펐을때 현재

졸업후의 직업 닥치는 대로

희망 기술자 취미 독서

나의단점 many

나의장점 many

그대가 좋아하는(남, 여)성의 성격 온순 style 무엇~

그대가 나에게

꾸디 상급학교에 가서 꾸준한 노력으로 공부열심히 하여 이 세상에 모든 파도를 돌파 하여 훗날 훌륭한 사람이 되길 바랍니다 앞날에 행복 오길 빌며 군의 졸업을 축하하네

설성중학교 제5회 졸업기념

<좋아하는 시나 감명깊은 소설의 대목을 후면에>

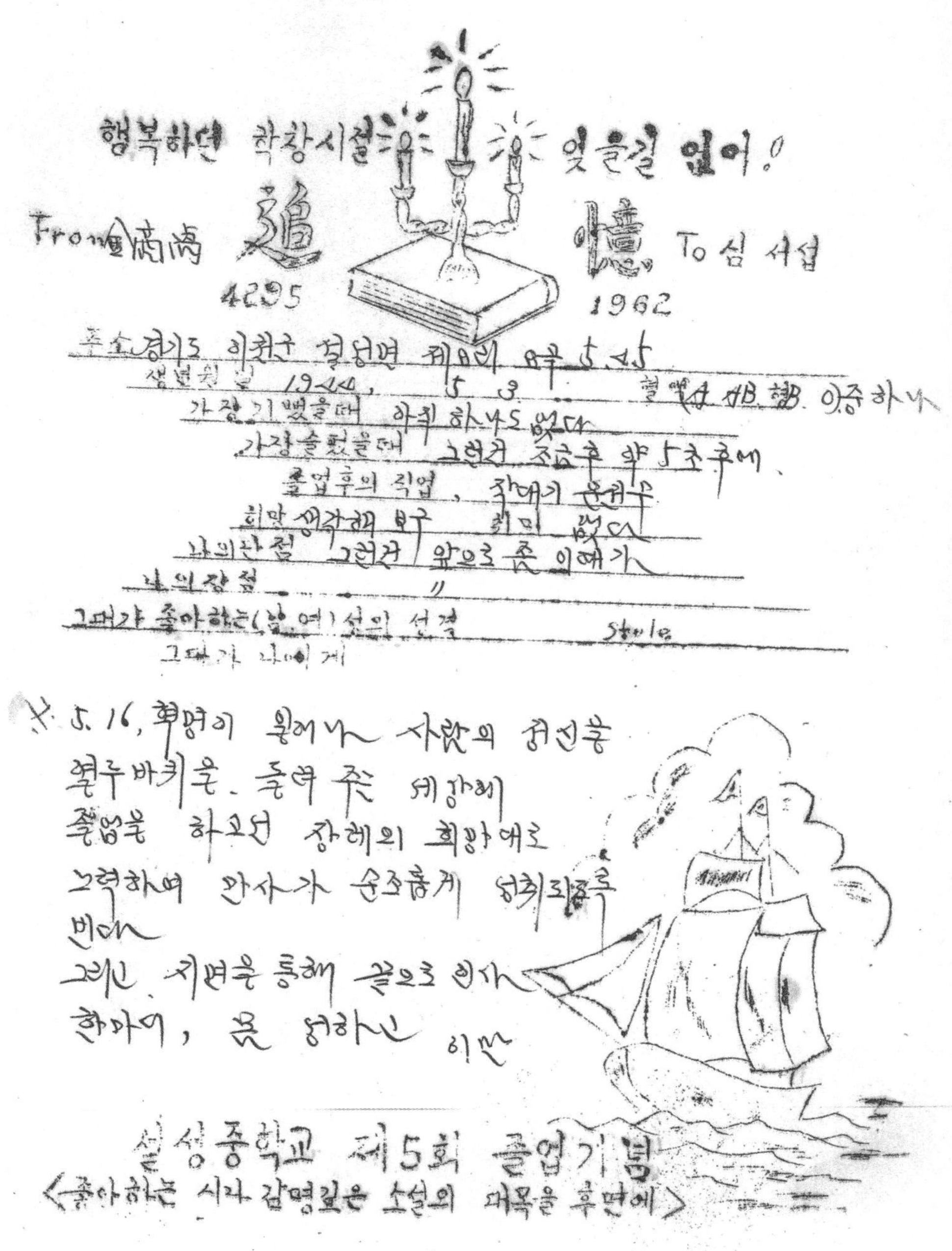
행복하던 학창시절 잊을길 없어!
追 憶
To 심서섭
4295
1962
생년월일 1944, 5 3.
가장 기뻤을때 하나도 없다
가장 슬펐을때
졸업후의 직업
나의 단점
나의 장점
그대가 좋아하는 (남.여)성의 성격
그대가 나에게
※ 5.16 혁명이 일어나 사람의 정신을
철두바퀴를 돌려 준 세상에
졸업을 하고서 장래의 희망대로
노력하며 만사가 순조롭게 성취되도록
빈다
그리고 지면을 통해 글으로 인사
한다며, 끝 정하고 이만
설성중학교 제5회 졸업기념
<좋아하는 시나 감명깊은 소설의 제목을 후면에>

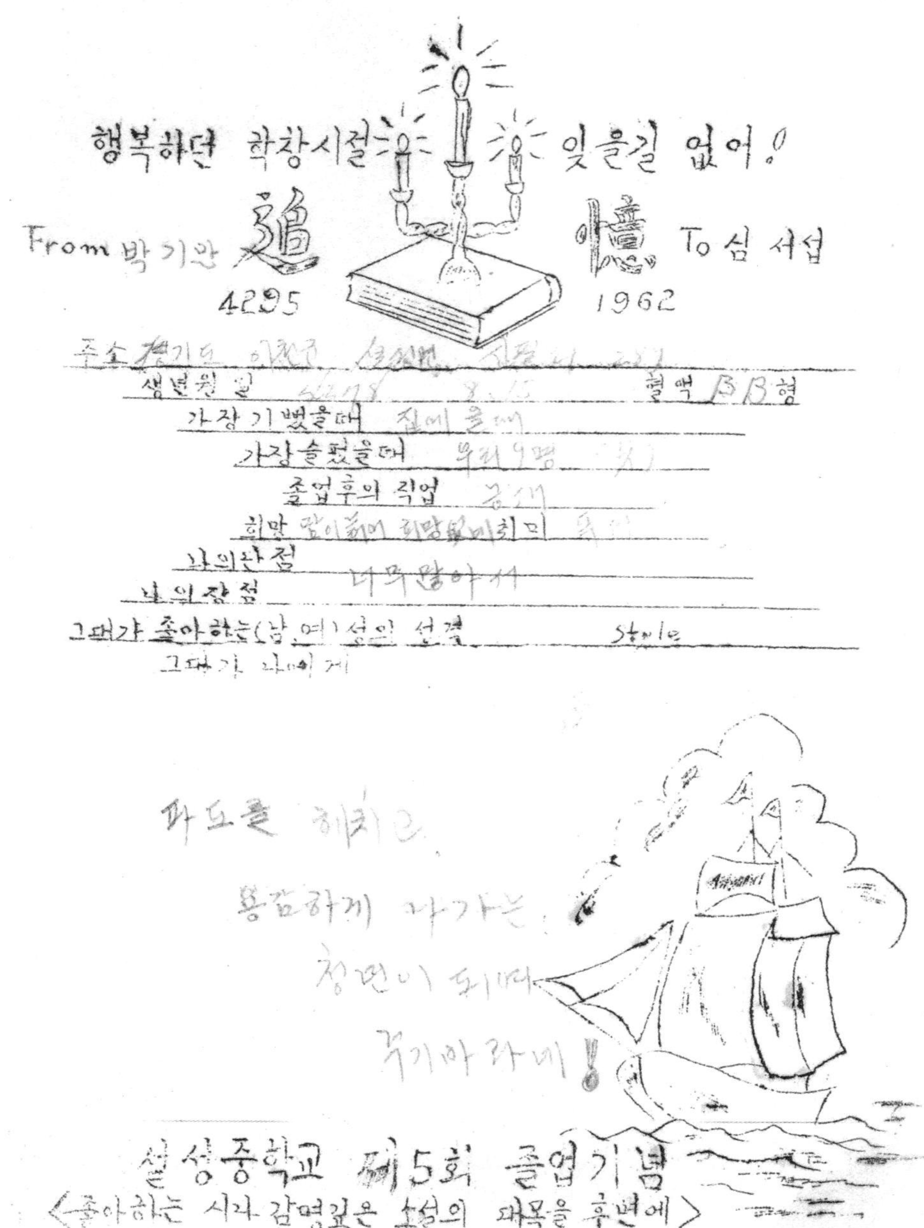

설성중학교 제5회 졸업기념
<좋아하는 시나 감명깊은 소설의 대목을 후면에>

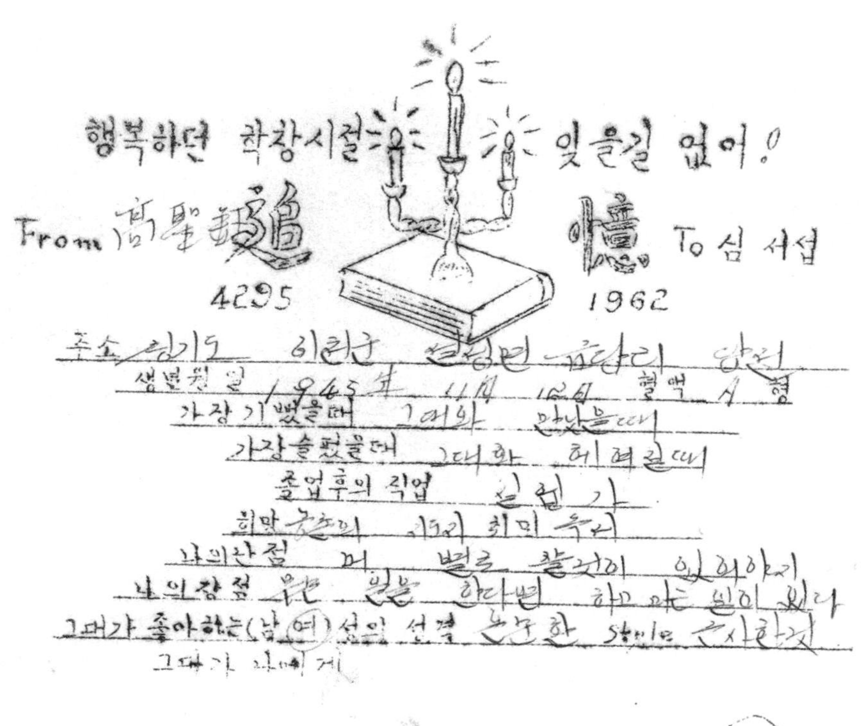

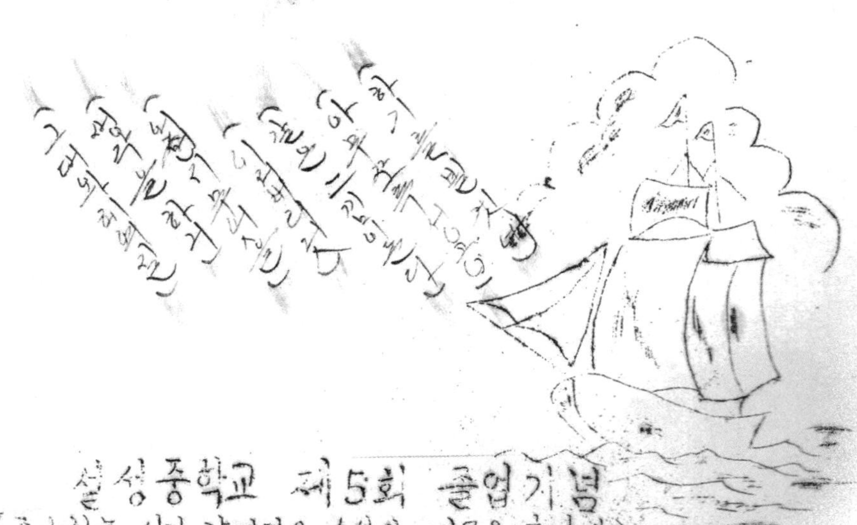

설성중학교 제5회 졸업기념

<좋아하는 시나 감명깊은 소설의 제목을 후면에>

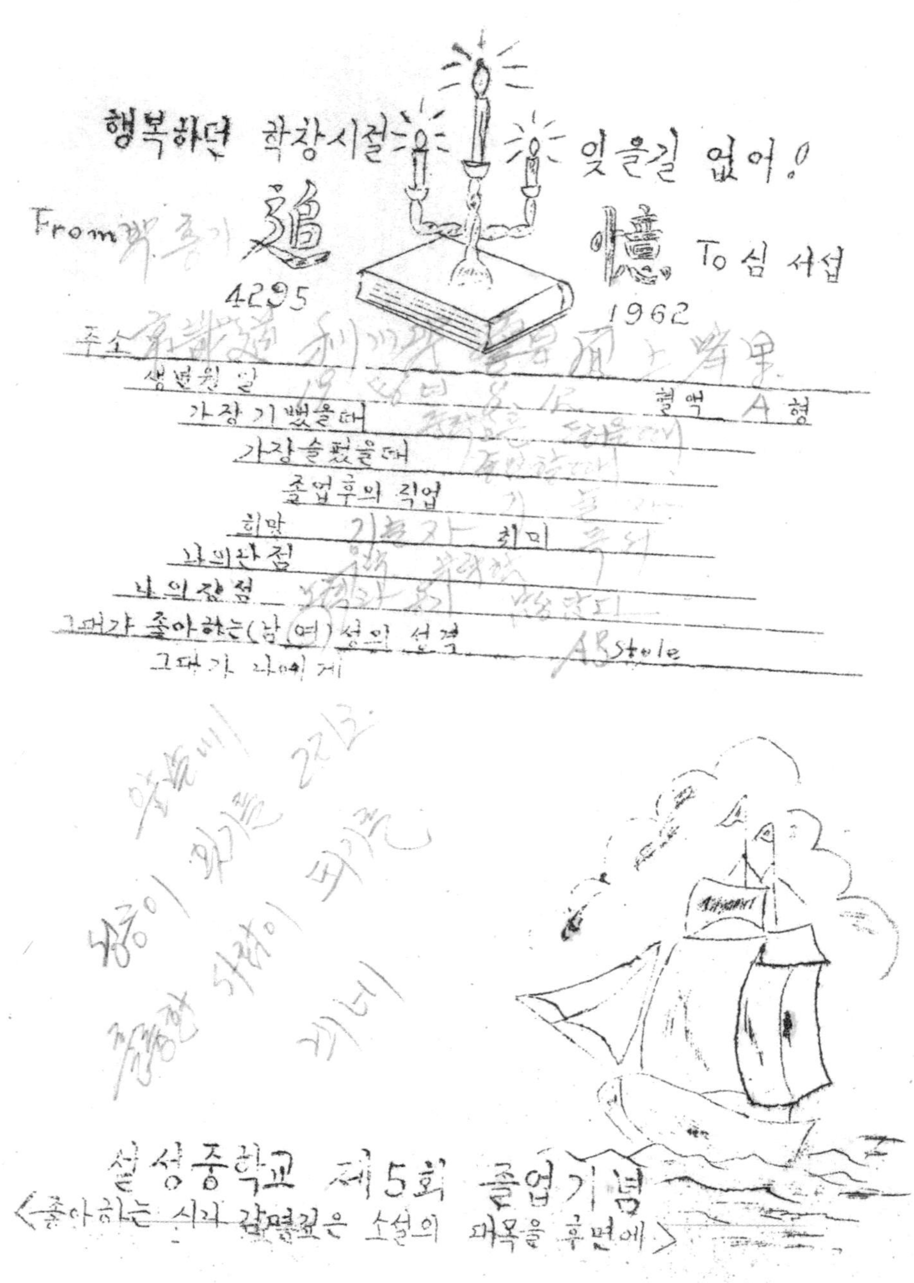
행복하던 학창시절 잊을길 없어!
From
追憶
To 심 서섭
4295
1962
주소
생년월일
혈액 A 형
가장 기뻤을때
가장 슬펐을때
졸업후의 직업
희망
나의 단점
나의 장점
그대가 좋아하는 (남 여) 성의 성격
그대가 나에게
삼성중학교 제5회 졸업기념
<좋아하는 시나 감명깊은 소설의 제목을 후면에>

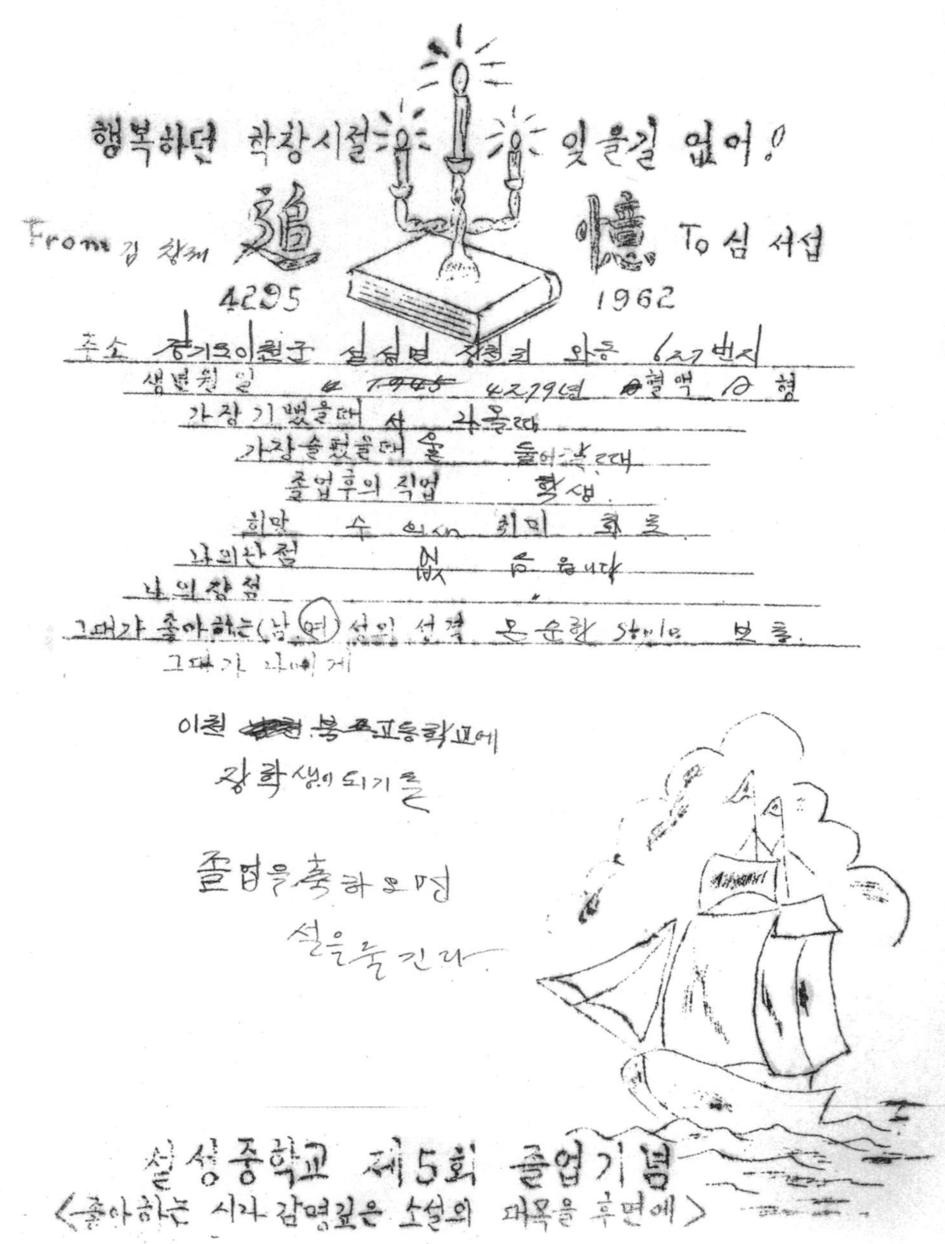

행복하던 학창시절 잊을길 없어!

From 김창제 追憶 To 심서섭

4295 1962

주소 경기도이천군 설성면 장천리 와동 627번지

생년월일 4279년 혈액 O형

가장 기뻤을때 시험 치올때

가장 슬펐을때 울 들어갈때

졸업후의 직업 학생.

희망 수의사 취미 회로

나의단점 없 습니다

나의장점

그대가 좋아하는(남 (여) 성의 성격 온순한 Style 보통.

그대가 나에게

이천 농고등학교에

장학생이 되기를

졸업을 축하오며

설을좋긴다

설성중학교 제5회 졸업기념

<좋아하는 시와 감명깊은 소설의 대목을 후면에>

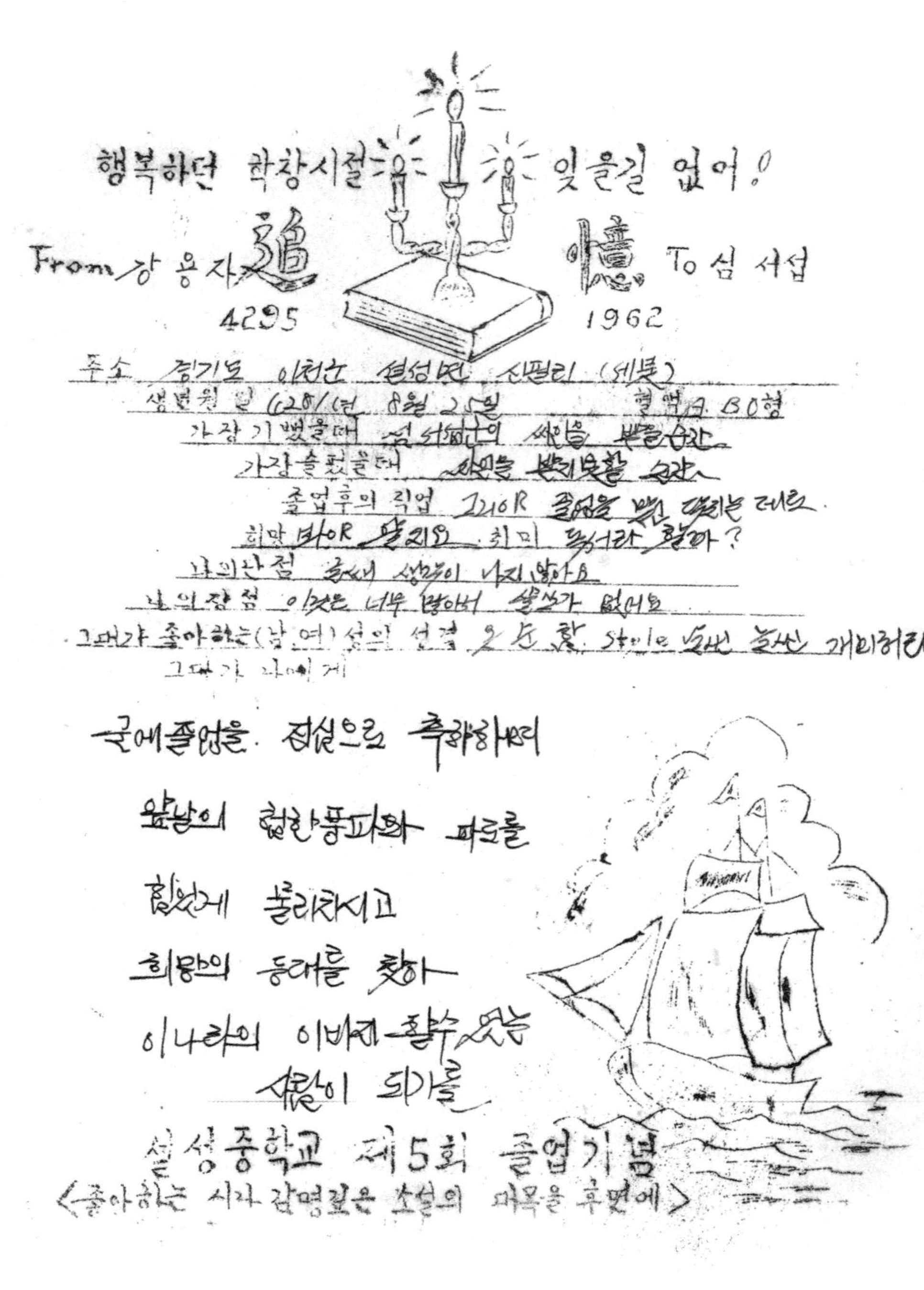

행복하던 학창시절 잊을길 없어!
From 강용자 追憶 To 심서섭
4295
1962
주소 경기도 이천군 설성면 신필리
가장 기뻤을때 심서섭군의 싸인을 받을 순간
가장 슬펐을때 싸인을 받지못할 순간
졸업후의 직업
희망 취미 독서라 할까?
나의 단점
나의 장점 이것은 너무 많아서 쓸수가 없어요
그대가 좋아하는 (남.여)성의 성격
그대가 나에게
귀에 졸업을 진심으로 축하하며
앞날의 험한풍파와 파도를
힘있게 물리치시고
희망의 등대를 향하여
이나라의 이바지 할수 있는
사람이 되기를
설성중학교 제5회 졸업기념
<좋아하는 시나 감명깊은 소설의 제목을 후면에>

행복하던 학창시절 잊을길 없어!

From 최상구 追 憶 To 심서섭

4295 1962

주소 경기도 이천군 설성면 행죽리 본죽

생년월일 29년 10월 17일 혈액 AB A O 형

가장 기뻤을때 그대의 싸인을 받았을때

가장 슬펐을때 아직은

졸업후의 직업 글쎄요?

희망 생각해 어떤서요 취미 독서라할까요

나의단점 잘 어때요 보면 어떤결점이 있는것 같애요

나의장점 옳은일에 힘을 쓰는것 같애요

그대가 좋아하는(남 여)성의 성격 글쎄 뭐 Style 은 그렇죠

그대가 나에게

그대의 싸인을 받고 보매 우어라

슬픈 그대에 졸업을 축하하오며

앞날에 위대한 승인이 되길

빌고 바라는 바입니다

그대는 졸업장과 상장을 타고

기쁜 얼굴로 교문을 나서길 바래요

설성중학교 제5회 졸업기념

<좋아하는 시나 감명깊은 소설의 대목을 후면에>

행복하던 학창시절 잊을길 없어!

From [illegible] 追憶 To 심서섭

4295 1962

주소 京畿道 利川郡 暮加面 松谷里(九夜味)

생년월일 1946. 2. 3. 혈액 ? 형

가장 기뻤을때 이런일은 없을걸

가장 슬펐을때 눈에 모래가 들어 갔을때,

졸업후의 직업 닥치는 대로 할까 하는데,

희망 詩人 취미 출작 기

나의 단점 글쎄 이런건 그렇게 생각해 본일도 없고----

나의 장점 꾸준히 노력한다

그대가 좋아하는 (남, 여) 성의 성격 명랑, 이해 Style 늘씬

그대가 나에게

君의 졸업을 축하 하며,

어떠한 난관이 닥치더라도 굳게 이겨 내는

힘을 길러 앞날의 큰 희망 있기를 빕니다

대나무와 같이 곧게 살아주어,

앞으로 훌륭한 인물이 되길 빌며

아울러 행복이 깃들기를 ---

결혼 해서 자녀를 많이

낳지 못하도록 ---

산아 제한 하시야죠 인구가 늘어 가니 할수없죠

설성중학교 제5회 졸업기념

<좋아하는 시나 감명깊은 소설의 제목을 후면에>

행복하던 학창시절 잊을길 없어!

From 박경순 追憶 To 심서섭

4295 1962

주소 경기도 이천군 설성면 장천리 한천

생년월일 46년 5월 24일생 혈액 A형

가장 기뻤을때 중 입학

가장 슬펐을때 글쎄 골랑한데

졸업후의 직업 서모

희망 떠러지도 않하 희미 할 뿐이며 줄 수 없게

나의단점 너무 잠잘장.

나의장점 글쎄 미소.

그대가 좋아하는 (남) 여) 성의 성격 명랑 이해심 있는 나와 같은 자

그대가 나에게

군이 졸업을 진심으로 축하드리며

앞날의 창공을 펼치며 군의 가는길에

행운이 깃들기를 아무쪼록

훌륭한 학생이 되어 이나라의

기둥이 되어 주기를 바랍니다

훌륭한 여성을 맞아 길이 빛낼때까지

~~성공에 ...하기~~ 노력하세요

그대에 가서는 내가 희망을 싣고 군이 길에 갈때까지 우리조합 까지 나와 주기를 바라면서 모두

희망

설성중학교 제5회 졸업기념

<좋아하는 시와 감명깊은 소설의 제목을 후면에>

이다음에 만나면 꼭 다시 묻기를 부탁합니다

행복하던 학창시절 잊을길 없어!

From cho Soon 追憶 To 심 서섭

4295 1962

주소 경기도 이천군 설성면 장능리 장촌

생년월일 1947년 5월 28일 혈액 A형

가장 기뻤을때 생각해 봐서 어느때였던가?

가장 슬펐을때 진학을 못하게 되였을때

졸업후의 직업 글쎄 봐야만죠

희망 훌륭한 가정주부 취미 영화감상

나의단점 가르켜주세요.

나의장점 적잖으면서도 싹싹한편이 있다

그대가 좋아하는 (남)(여)성의 성격 온순, 명랑, 순진 Style은 늘씬, 날씬

그대가 나에게

빛나는 그대의 졸업을 축하하며

젊은그대여! 나아가는 곳에 광명이 있나니

험악한 세상풍파를 휘차고 줄기차게 물리

치고 앞으로 앞으로 전진하시라 정들은

배움터를 떠나게 되니 어디인지

모르게 섭섭한 감이 드는구려

그러나 눈물로 이별하겠어

설성중학교 제5회 졸업기념

<좋아하는 시와 감명깊은 소설의 제목을 후면에>

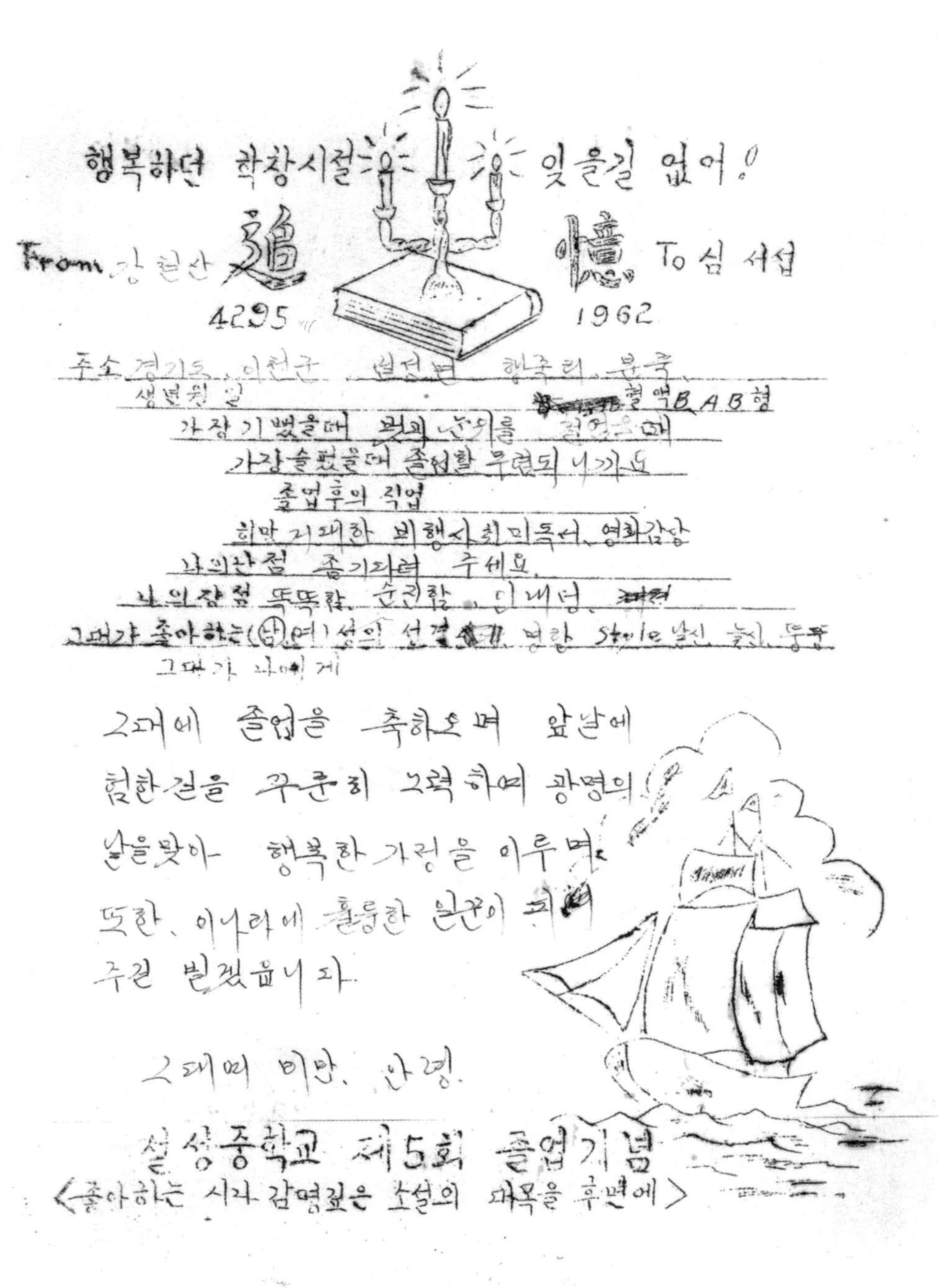
행복하던 학창시절 잊을길 없어!

From 강현산 追憶 To 심서섭

4295 1962

주소 경기도, 이천군 설성면 행죽리, 분국

생년월일 혈액 B AB형

가장 기뻤을때 꿈의 나이를 걸었을때

가장 슬펐을때 졸업할 무렵되니까요

졸업후의 직업

희망 기대함 비행사 취미 독서, 영화감상

나의 단점 좀 가르쳐 주세요.

나의 장점 똑똑함, 순진함, 미래형,

그대가 좋아하는 (남)여)성의 성격 명랑 Style은 날신, 눈치, 등등

그대가 나에게

그대에 졸업을 축하하오며 앞날에

험한길을 꾸준히 노력하며 광명의

날을맞아 행복한 가정을 이루며

또한, 이나라에 훌륭한 일군이 되어

주길 빌겠읍니다.

그대의 미만. 안녕.

설성중학교 제5회 졸업기념

<좋아하는 시나 감명깊은 소설의 대목을 후면에>

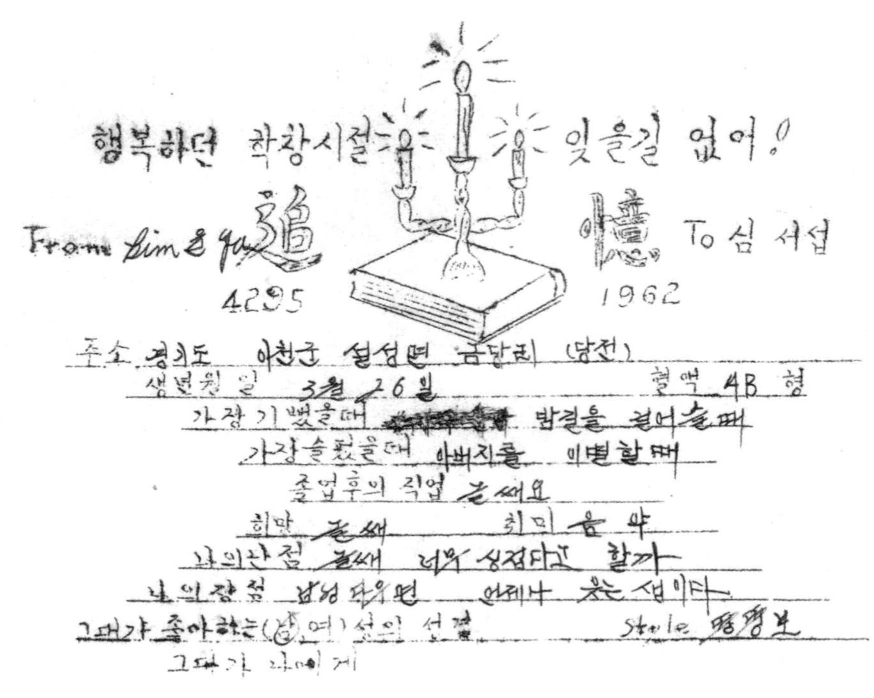

주소 경기도 이천군 설성면 금당리 (당천)

생년월일 3월 26일 혈액 AB 형

가장 기뻤을때 밤길을 걸어올때

가장 슬펐을때 아버지를 이별할때

졸업후의 직업 글쎄요

희망 글쎄 취미 음악

나의 단점 글쎄 너무 싱겁다고 할까

나의 장점 남성 다우면 언제나 웃는 셈이다

그대가 좋아하는 (남, 여) 성의 성격 Smile 명랑 보

그대가 나에게

그대의 졸업을 축하 하오며

졸업이란 ?, 기쁨 ?, 아쉬움

그대와 헤어지는 그 마음이여

사회의 첫발을 딛는 이몸이여 그대와 작별하는

이몸 울고만싶어 헤어지는 이몸 그대여

장래 성공과 행복만을 빌어며

설성중학교 제5회 졸업기념

<좋아하는 시와 감명깊은 소설의 제목을 후면에>

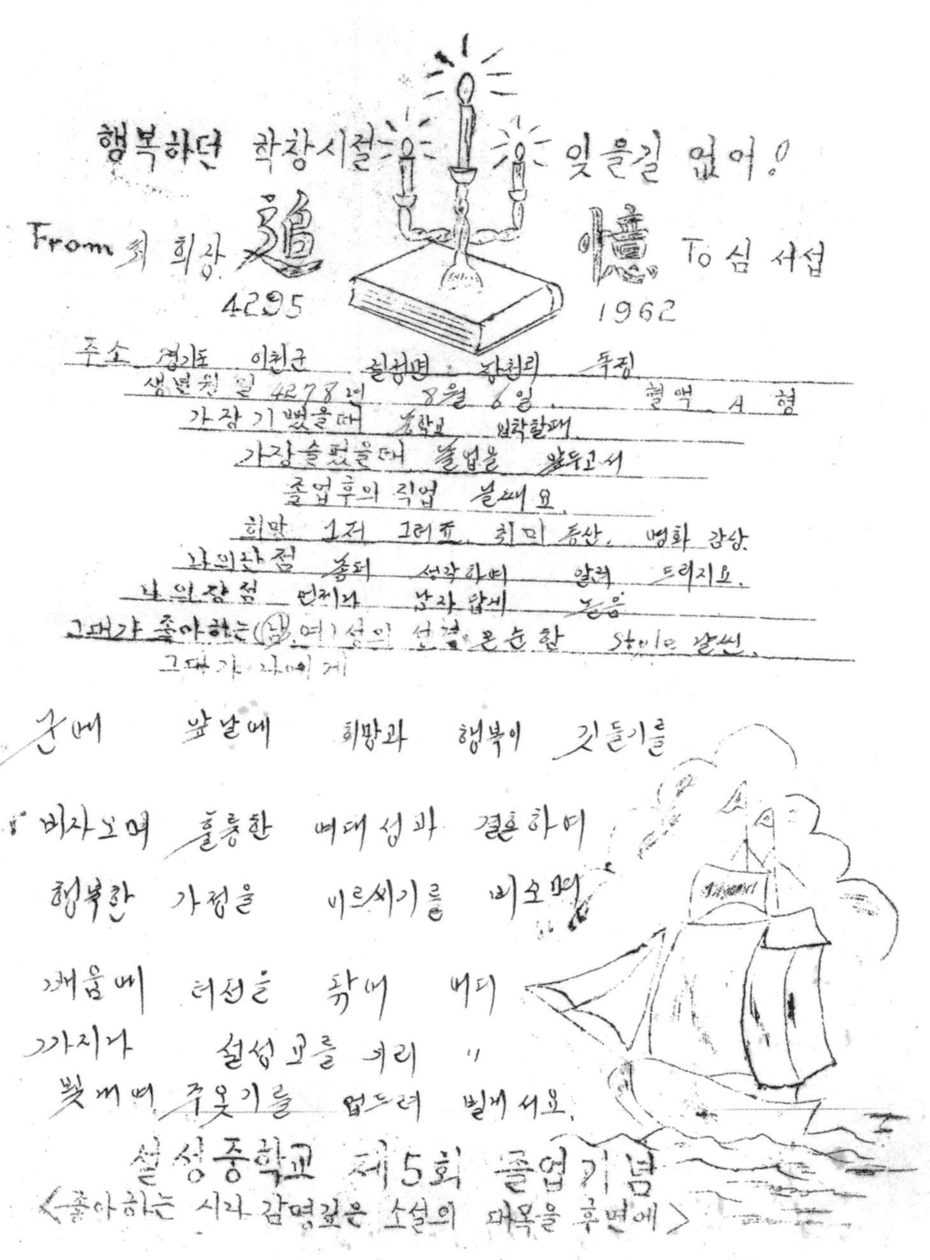

행복하던 학창시절 잊을길 없어!

From 최희상 追憶 To 심서섭

4295 1962

주소 경기도 이천군 설성면 장천리 두정

생년월일 4278년 8월 6일. 혈액 A 형

가장 기뻤을때 중학교 입학할때.

가장 슬펐을때 졸업을 앞두고서

졸업후의 직업 몰래요.

희망 1져 그려죠. 취미 등산, 영화 감상

나의 단점 좀더 생각하여 알려 드리지요.

나의 장점 언제나 남자 답게 논음

그대가 좋아하는 (남).여1성의 선결: 온순함 Style은 날씬.

그대가 나에게

군에 앞날에 희망과 행복이 깃들기를

바라보며 훌륭한 여대생과 결혼하여

행복한 가정을 이루시기를 비오며

배움에 터전을 닦아 떼다

가지나 설성고를 거리 "

빛내며 주옵기를 엎드려 빌께서요.

설성중학교 제5회 졸업기념

<좋아하는 시나 감명깊은 소설의 대목을 후면에>

행복하던 학창시절 잊을길 없어!

From 金永[illegible] 追憶 To 심서섭

4295 1962

주소 경기도 이천군 설성면 암산리 두[illegible]바우

생년월일 65년 7월 [illegible]일생 혈액 B 형

가장 기뻤을때 원한에 한쌍을 맺을때

가장 슬펐을때 그대와 이별할때

졸업후의 직업

희망 [illegible] 취미 산책

나의 단점 [illegible]

나의 장점 [illegible] 있다.

그대가 좋아하는 (남, 여)성의 성격 온순 [illegible]

그대가 나에게

그대가 이 학교를

떠날때 부탁할 한 나

는 그대가 어서 장성하여

우리나라에 역군이 되라 공부하라고

문화탕히 되어주길 바라며

사랑이 충만으로 행운이

아이종.

설성중학교 제5회 졸업기념

<좋아하는 시와 갑명깊은 소설의 제목을 후면에>

행복하던 학창시절 잊을길 없어!

From 권병길 追憶 To 심서섭

4295 1962

주소 서설도 ...

생년월일

가장 기뻤을때

가장슬펐을때

졸업후의 직업

희망

나의단점

나의장점

그대가 좋아하는(남, 여)성의 성격

그대가 나에게

설성중학교 제5회 졸업기념

<좋아하는 시나 감명깊은 소설의 제목을 후면에>

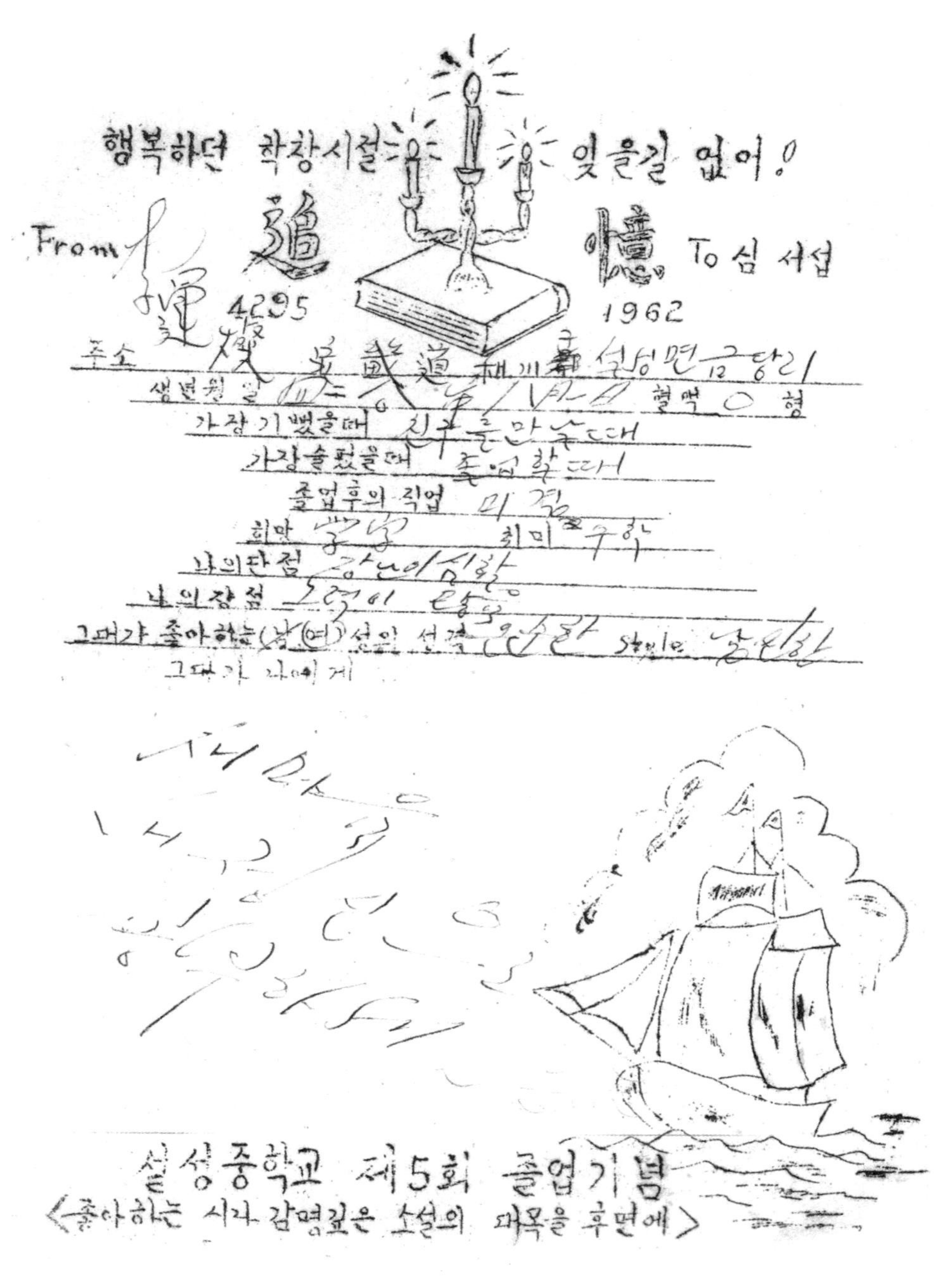

설성중학교 제5회 졸업기념

<좋아하는 시나 감명깊은 소설의 대목을 후면에>

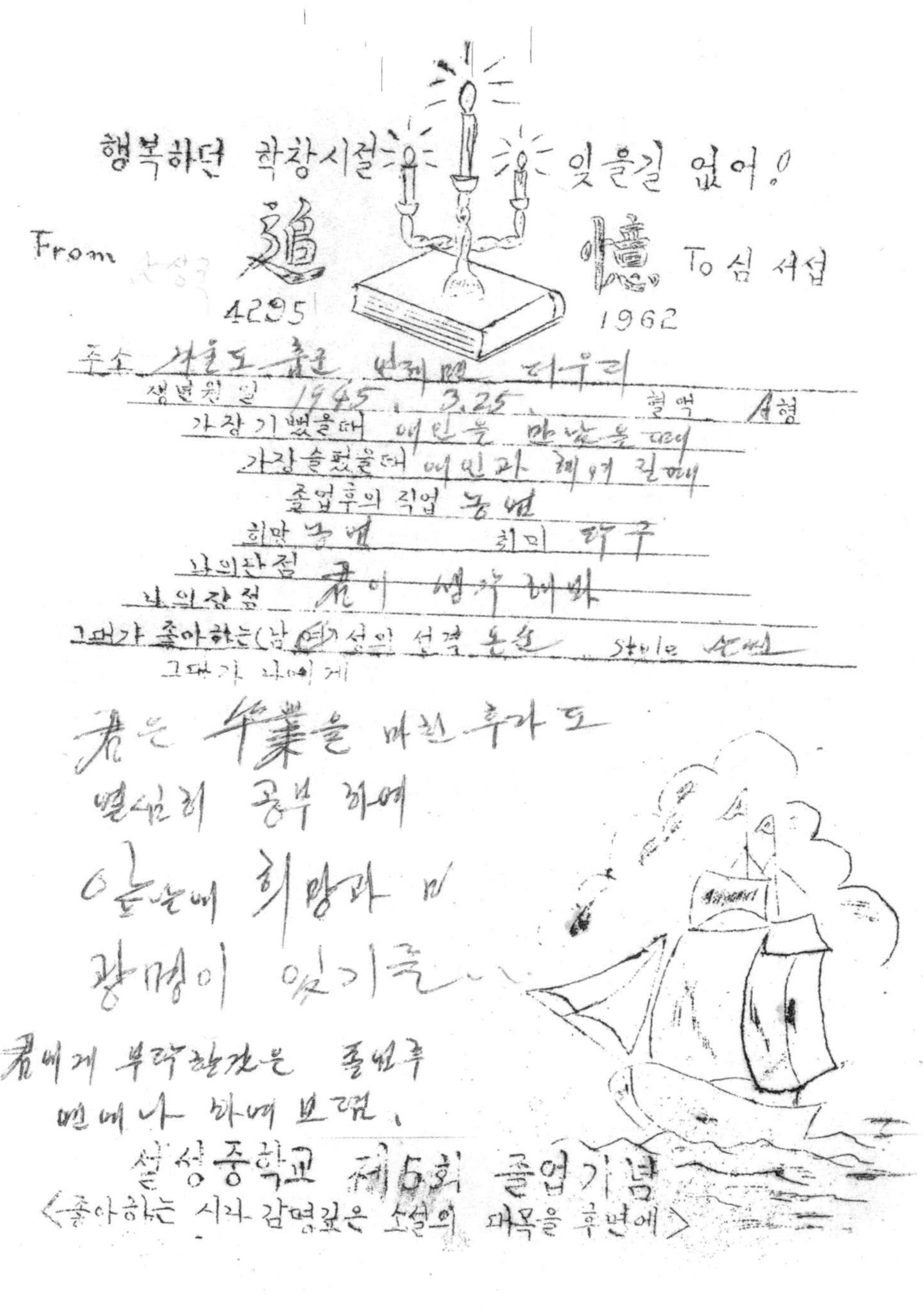

행복하던 학창시절 잊을길 없어!

From 追憶 To 심서섭

4295 1962

주소 [illegible]

생년월일 1945. 3.25. 혈액 A형

가장 기뻤을때 애인을 만났을때

가장슬펐을때 애인과 헤어질때

졸업후의 직업 농업

희망 농업 취미 야구

나의단점

나의장점 君이 생각해봐

그대가 좋아하는(남 여)성의 성격 온순 Style 소설

그대가 나에게

君은 卒業을 마친후라도

열심히 공부하여

앞날에 희망과

광명이 있기를

君에게 부탁할것은 졸업후

편지나 하여 보렴.

설성중학교 第5회 졸업기념

<좋아하는 시와 감명깊은 소설의 대목을 후면에>

행복하던 학창시절은 잊을길 없어!

From 유근춘 追憶 To 심서섭

4295 1962

주소 경기도 이천군 설성면 신필리 (추동)

생년월일 80년 20일 혈액 O 형

가장 기뻤을때 중학교에 입학하여 여러동무들과 만나을때

가장 슬펐을때 국민학교에 졸업을 하였을때

졸업후의 직업 직장

희망 미스 취미 월봉과 수평.

나의 단점

나의 장점

그대가 좋아하는 (남, 여) 성격 오묘 Style

그대가 가는 [illegible]

[illegible]

이천 읍에 장성 하여,

대나무 같이

곧게 살아 주길,

바람

(그대가 졸업하여 못 [illegible] 하셔도,

저축 하여 [illegible] 두길?)

설성중학교 제5회 졸업기념

<좋아하는 시나 감명깊은 소설의 대목을 후면에>

행복하던 학창시절 잊을길 없어!

From 원대희 追憶 To 심서섭

4295 1962

주소 경기도 이천군 신둔면 송계리 상팔계

생년월일 4277년 6월 2일

가장 기뻤을때 입학할때 였었네

가장 슬펐을때 졸업할때 이네

졸업후의 직업 농업

희망 교회가 취미 공놀이

나의 단점 친절성이 없음

나의 장점 약간에 웃음하는 성질

그대가 좋아하는 (남 여)성의 성격 온순한 Style 호리호리한 여성

그대가 나에게

상급학교에 진학을 못하여 열심히 농업에 종사하여 근면 성실한 일꾼이 되기를 축원하네

부모님께 효도 효자가 되게

자네가 이보나 나을 영원히 못잊는다면 나는 자네의 손바닥에 장을 지지겠네

장차 훌륭한 여성과 결혼하여 자손만대 화목하여 부모님께 효자 되기를 축원하겠네

신둔중학교 제5회 졸업기념

<좋아하는 시(詩)와 감명깊은 소설의 제목을 후면에>

행복하던 학창시절 잊을길 없어!

追 憶

From chai 4295 To 심서섭 1962

주소 경기도 이천군 [illegible]면 [illegible]계리

생년월일 1947년 10月 8일 혈액 O형

가장 기뻤을때 그대와 맞났을때

가장 슬펐을때 그대와 헤어질때

졸업후의 직업 [illegible]

희망 實業家 취미 [illegible]

나의단점 [illegible]

나의장점 [illegible]

그대가 좋아하는(남,여)성의 성격 [illegible] Style [illegible] 女性

그대가 나에게

그대의 앞날에 永遠한 幸福의 길을 여기에 있는 때도 [illegible] 오기를

이담에 結婚하여 安樂한 家庭을 아루기 바란다

설성중학교 제5회 졸업기념

<좋아하는 시나 감명깊은 소설의 제목을 후면에>

행복하던 학창시절 잊을길 없어!

From 김만홍 追 憶 To 심서섭

4295 1962

주소 경기도 이천군 설성면 상봉리 432 번지

생년월일 4279년 11월 24 혈액 A 형

가장 기뻤을때

가장 슬펐을때 [illegible]

졸업후의 직업 [illegible] 농부

희망 [illegible]

나의 단점 [illegible]

나의 장점 [illegible]

그대가 좋아하는(남, 여) 성의 성격 [illegible] 같은 Style 의 [illegible]

그대가 나에게

[illegible] 성공이다!

[illegible]

<좋아하는 시와 감명깊은 소설의 제목을 후면에>

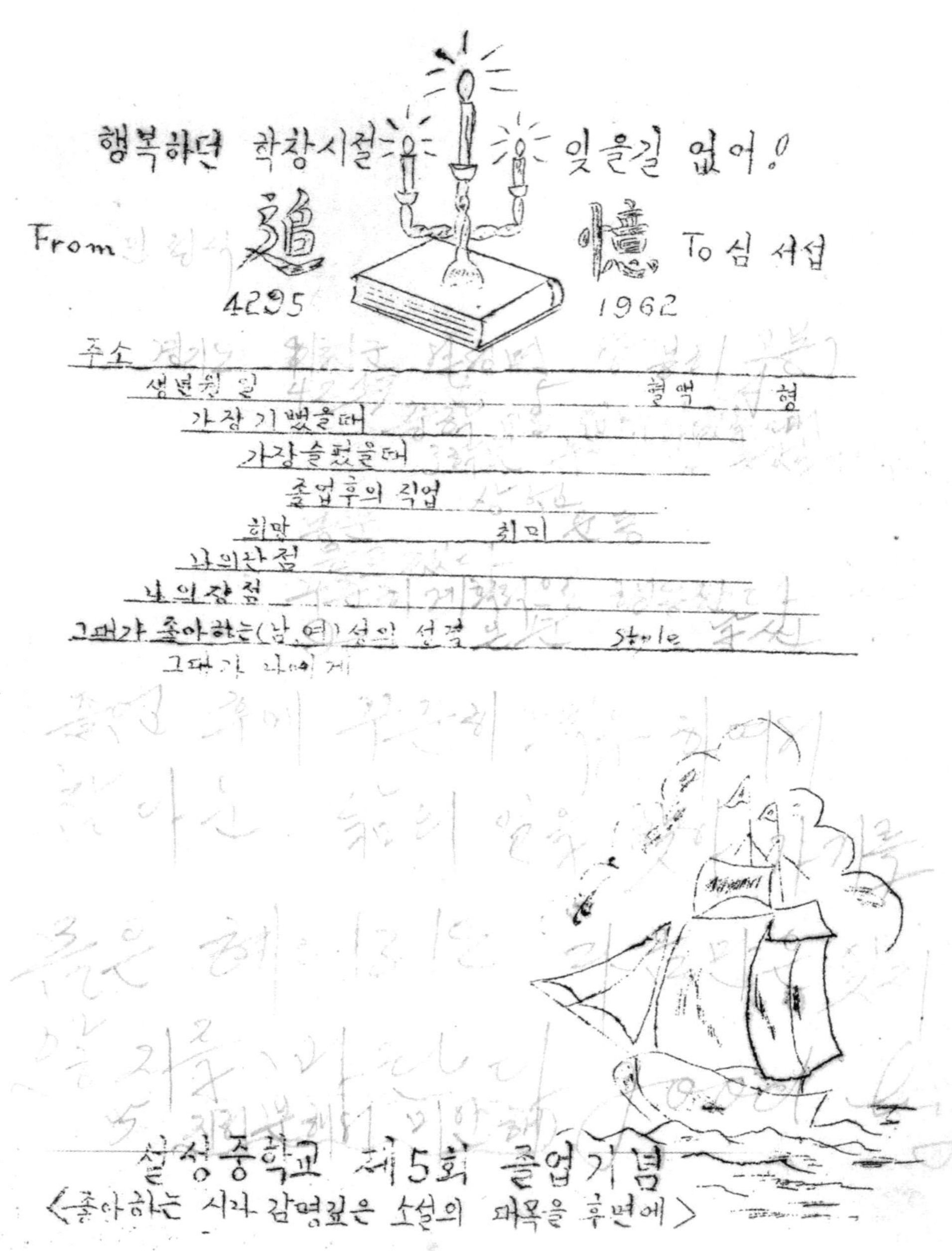

설성중학교 제5회 졸업기념

<좋아하는 시나 감명깊은 소설의 제목을 후면에>

행복하던 학창시절 잊을길 없어!

From 박노선 追憶 To 심서섭

4295 1962

주소 경기도 이천군 설성면 송계리 하장게

생년월일 1964. 5. 11. 혈액 B 형

가장 기뻤을때 、

가장슬펐을때 、

졸업후의 직업 학교

희망 、 취미 운동

나의단점 、

나의장점 、

그대가 좋아하는(남, 여)성의 성격 。 Style 。

그대가 나에게

1962년 임인년 새해를

맞이하며 행복하게

삼으라

설성중학교 제5회 졸업기념

<좋아하는 시가 감명깊은 소설의 제목을 후면에>

행복하던 학창시절 잊을길 없어!

From 조충열 追憶 To 심서섭

4295 1962

주소 경기도 이천군 설성면 신필리 (세말)

생년월일 1946년 7월 29일생 혈액 O 형

가장 기뻤을때 수학여행

가장 슬펐을때 졸업식날

졸업후의 직업 까닥하면 가을학교

희망하는 것 조용히 취미 독서

나의단점 글쎄 무엇일까

나의장점 남을위하여 봉사하는 편이오다

그대가 좋아하는 (남 여)성의 성격 온순하고 Style 날씬하게

그대가 나에게

그대의 졸업을 축하하고 앞으로 더 한층 더 빛나게 되기를 바라며

수련을 쌓은 지식을 바탕으로 사회에 훌륭한 일꾼이 되기를

우리 모두 힘껏 노력하자.

to Choong Yol

설성중학교 제5회 졸업기념

<좋아하는 시나 감명깊은 소설의 제목을 후면에>

행복하던 학창시절 잊을길 없어!

From 박태로 追 憶 To 심 서섭

4295 1962

주소 설성면 금당리 금당

생년월일 '79. 10. 4 혈액 AB 형

가장 기뻤을때 서로 만나쓸때

가장슬펐을때 졸업하고사나는 동창생과의헤여지는것

졸업후의 직업 ''

희망 취미 운동

나의단점 \ \

나의장점 없아서

그대가 좋아하는(남,여)성의 성격 온순 좋비르 얌선

그대가 나에게

코에 졸업을 축하며 그대시 앞날에 성공하길 ….

향구을 삼기고 떠나는 조각배와 같이 우리도 동창생과 같이 회여지는것이 섭섭 하군 그러나 온제면 또만나를 가 ?

설성중학교 제5회 졸업기념

<좋아하는 시나 감명깊은 소설의 제목을 후면에>

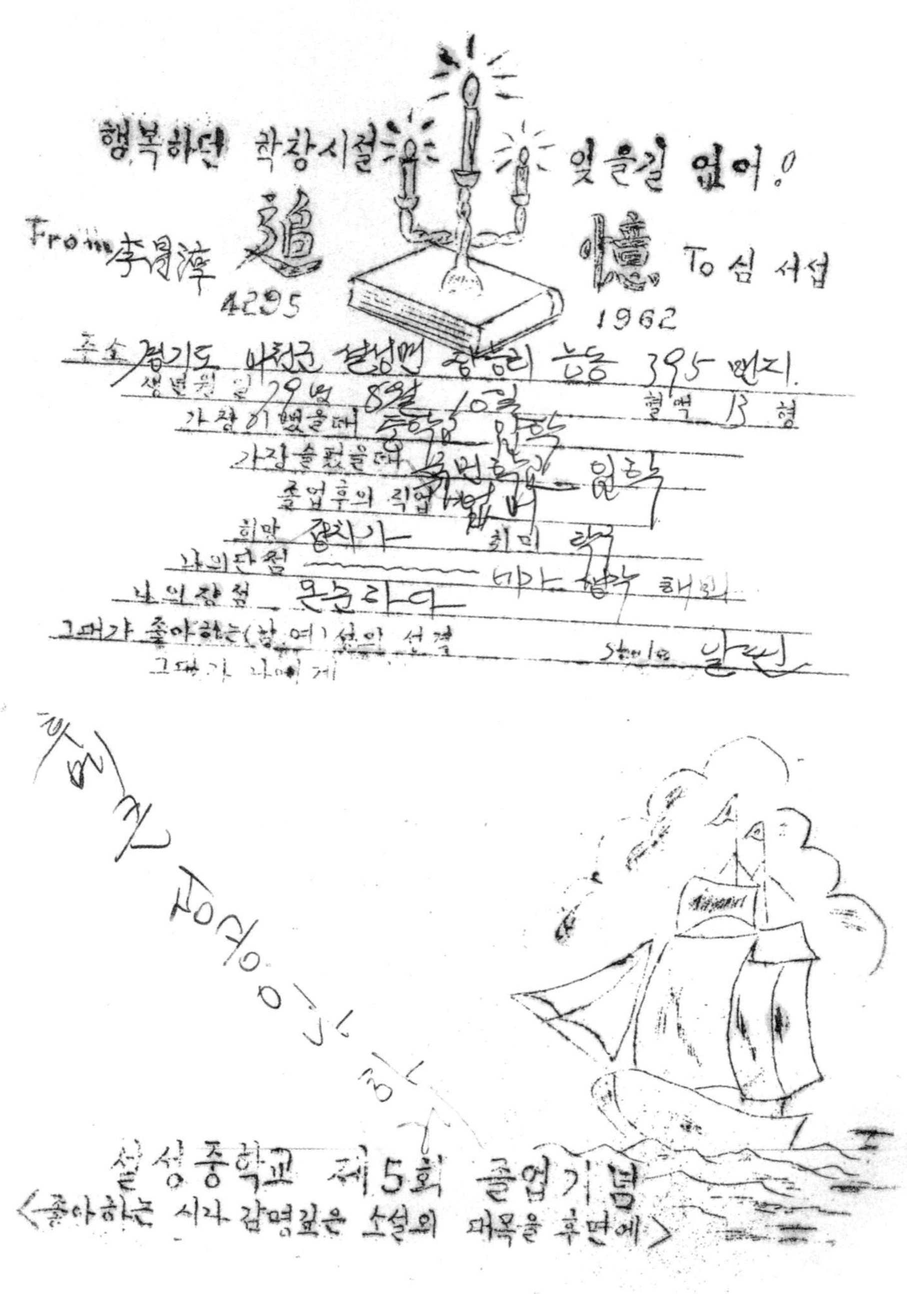

설성중학교 제5회 졸업기념
<좋아하는 시나 감명깊은 소설의 제목을 후면에>

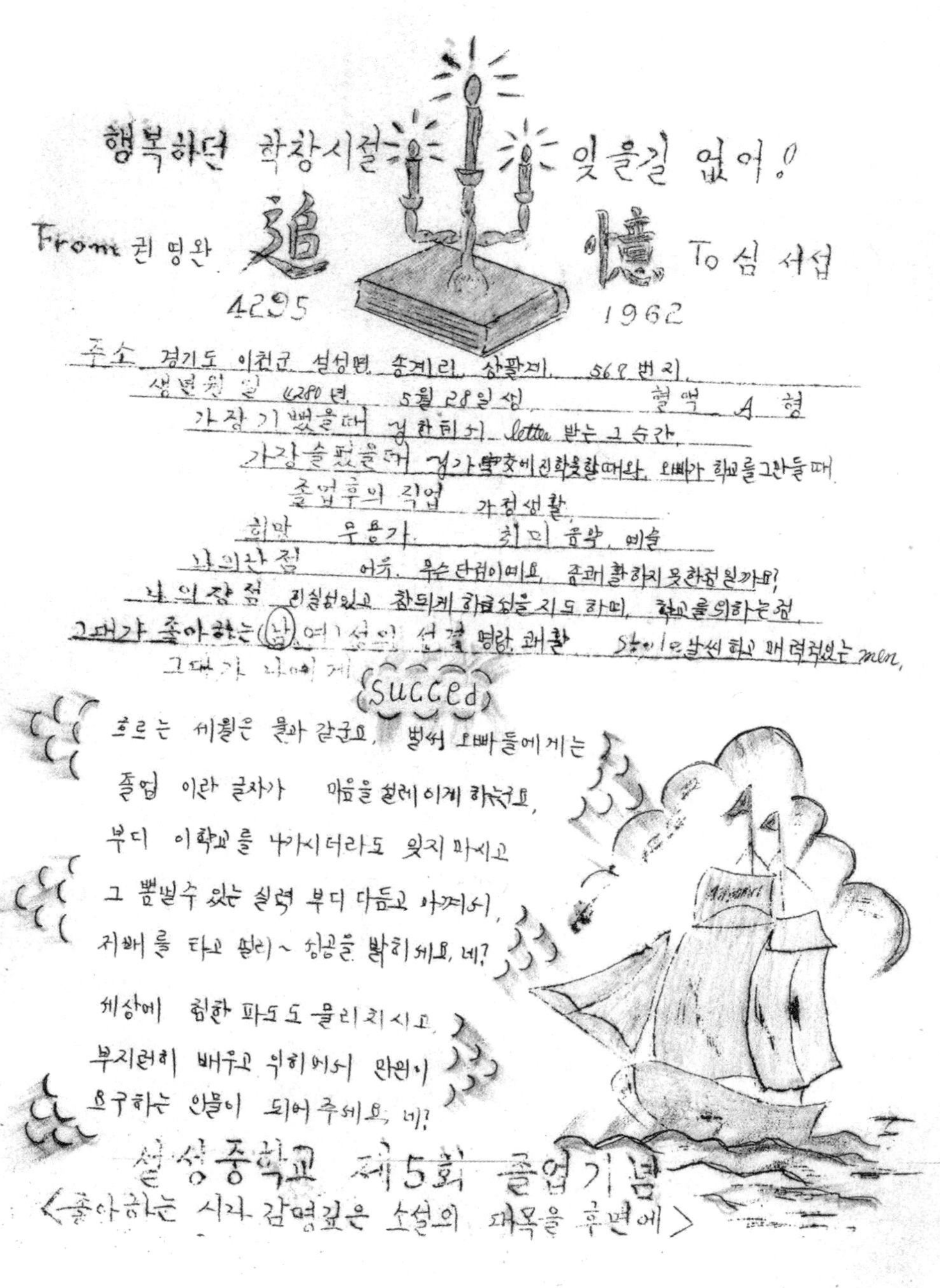

행복하던 학창시절 잊을길 없어!

From 권명완 追憶 To 심서섭

4295 1962

주소 경기도 이천군 설성면 송계리 상팔피 568번지

생년월일 4280년 5월 28일생 혈액 A형

가장 기뻤을때 경한희씨 letter 받는 그 순간

가장 슬펐을때 경가 學交에 진학못할때와, 오빠가 학교를 그만둘때

졸업후의 직업 가정생활

희망 무용가 취미 음악, 예술

나의 단점 어유, 무슨 단점이예요, 좀 쾌활하지 못한점일까요?

나의 장점 진실성있고 참되게 하려는 성실을 지도하며, 학교를 위하는 점

그대가 좋아하는 (남) 여? 성의 성격 명랑, 쾌활 5척이오 날씬하고 매력적있는 men,

그대가 나에게 {succed}

흐르는 세월은 물과 같군요, 벌써 오빠들에게는

졸업 이란 글자가 마음을 설레이게 하는군요,

부디 이학교를 나가시더라도 잊지 마시고

그 뽐낼수 있는 실력 부디 다듬고 아끼셔,

저배를 타고 멀리~ 성공을 빛히세요, 네?

세상에 험한 파도도 물리치시고

부지런히 배우고 익히셔서 만인이

요구하는 인물이 되어 주세요, 네!

설성중학교 제5회 졸업기념

<좋아하는 시나 감명깊은 소설의 제목을 후면에>

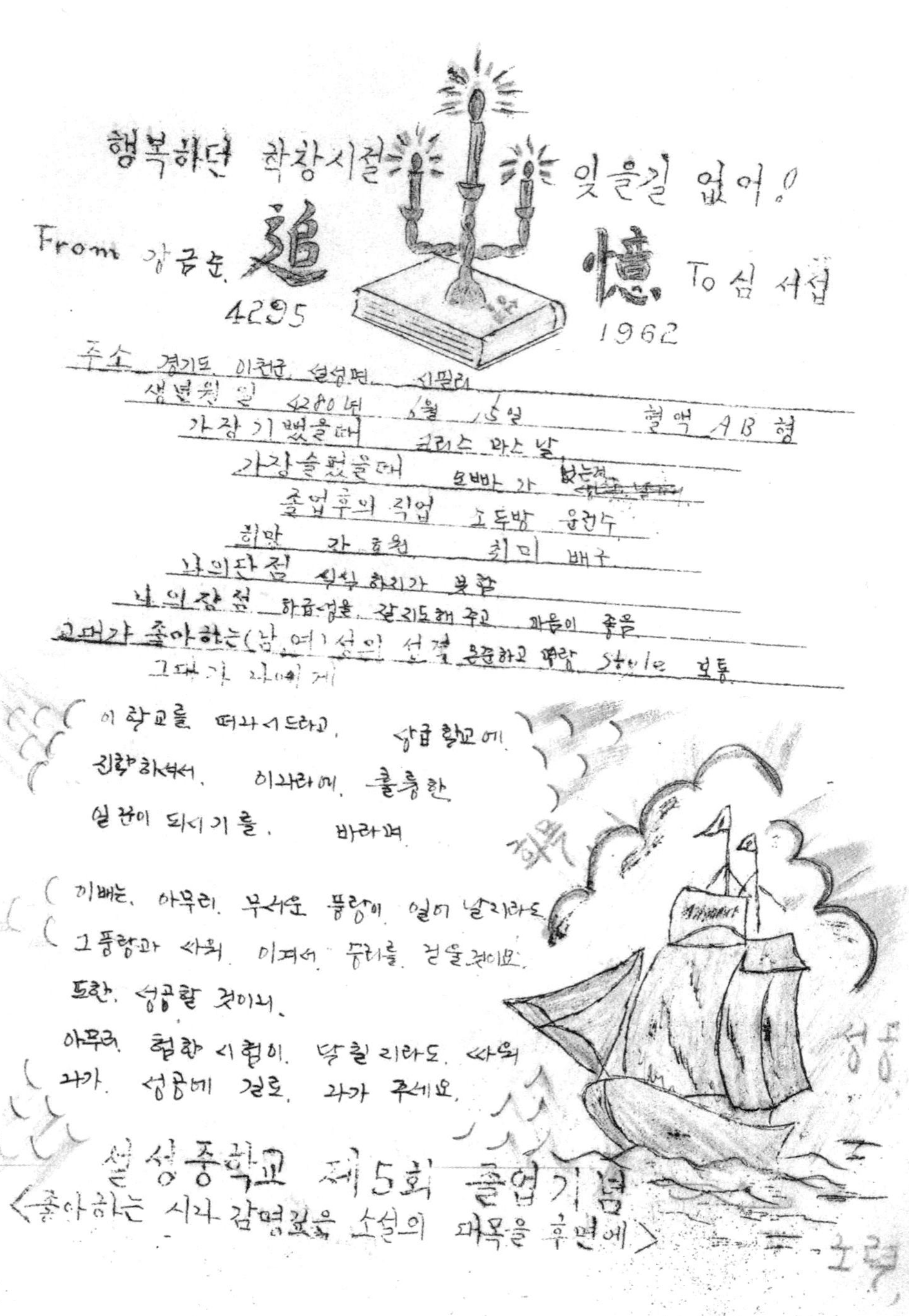

행복하던 학창시절 잊을길 없어!
From 강금순 追憶 To 심서섭
4295
1962
주소 경기도 이천군 설성면 신필리
생년월일 4280년 6월 15일 혈액 AB형
가장 기뻤을때 크리스마스날
가장슬펐을때 오빠가 없는적
졸업후의 직업 오두방 윤런수
희망 간호원 취미 배구
나의단점 실실 하기가 불찰
나의장점 하급생을 잘리도해 주고 마음이 좋음
그대가 좋아하는(남, 여)성의 성격 온순하고 명랑 Style 보통
그대가 나에게
이 학교를 떠나시드라고, 상급 학교에 진학하셔서, 이나라에, 훌륭한 일꾼이 되시기를, 바라며
이배는, 아무리, 무서운 풍랑이 일어 날리라도, 그풍랑과 싸워 이겨서, 승리를, 걷을것이요, 또한, 성공할 것이니.
아무리, 험한 시험이, 닥칠 리라도, 싸워 나가, 성공에 길로, 나가 주세요.
설성중학교 제5회 졸업기념
<좋아하는 시나 감명깊은 소설의 대목을 후면에>
희망
성공
노력

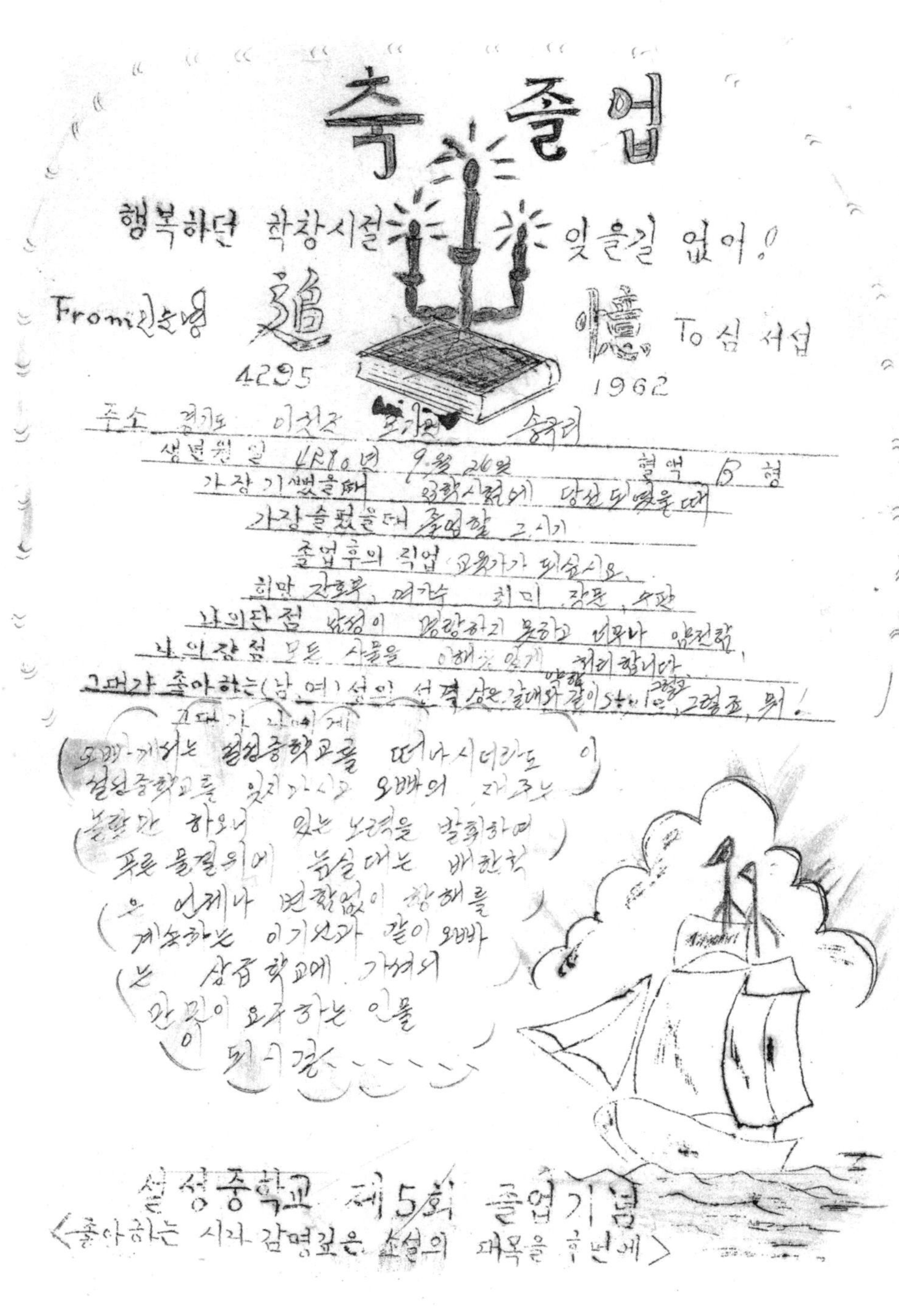

축 졸업
행복하던 학창시절 잊을길 없어!
From 인순영 追 憶 To 심서섭
4295 1962
주소 경기도 이천군 모가면 송곡리
생년월일 4290년 9월 26일 혈액 B형
가장 기뻤을때 입학시험에 당선되였을 때
가장 슬펐을때 졸업할 그 시기
졸업후의 직업 교육가가 되실시요.
희망 간호부, 여가수 취미 작문, 수판
나의단점 성질이 명랑하지 못하고 너무나 얌전함.
나의장점 모든 사물을 이해있게 처리합니다
그대가 좋아하는(남, 여) 성의 성격 상은 갈대와 같이 약함 S하니 그렇고, 그렇죠, 뭐!
그대가 나에게
오빠 께서는 설성중학교를 떠나시더라도 이 설성중학교를 잊지 마시고 오빠의 가주는 능력만 하오니 있는 노력을 발휘하며 푸른 물결위에 붙실대는 배한척은 언제나 변함없이 항해를 계속하는 이기선과 같이 오빠는 상급학교에 가셔서 만민이 요구하는 인물이 되시길
설성중학교 제5회 졸업기념
<좋아하는 시와 감명깊은 소설의 제목을 후번에>

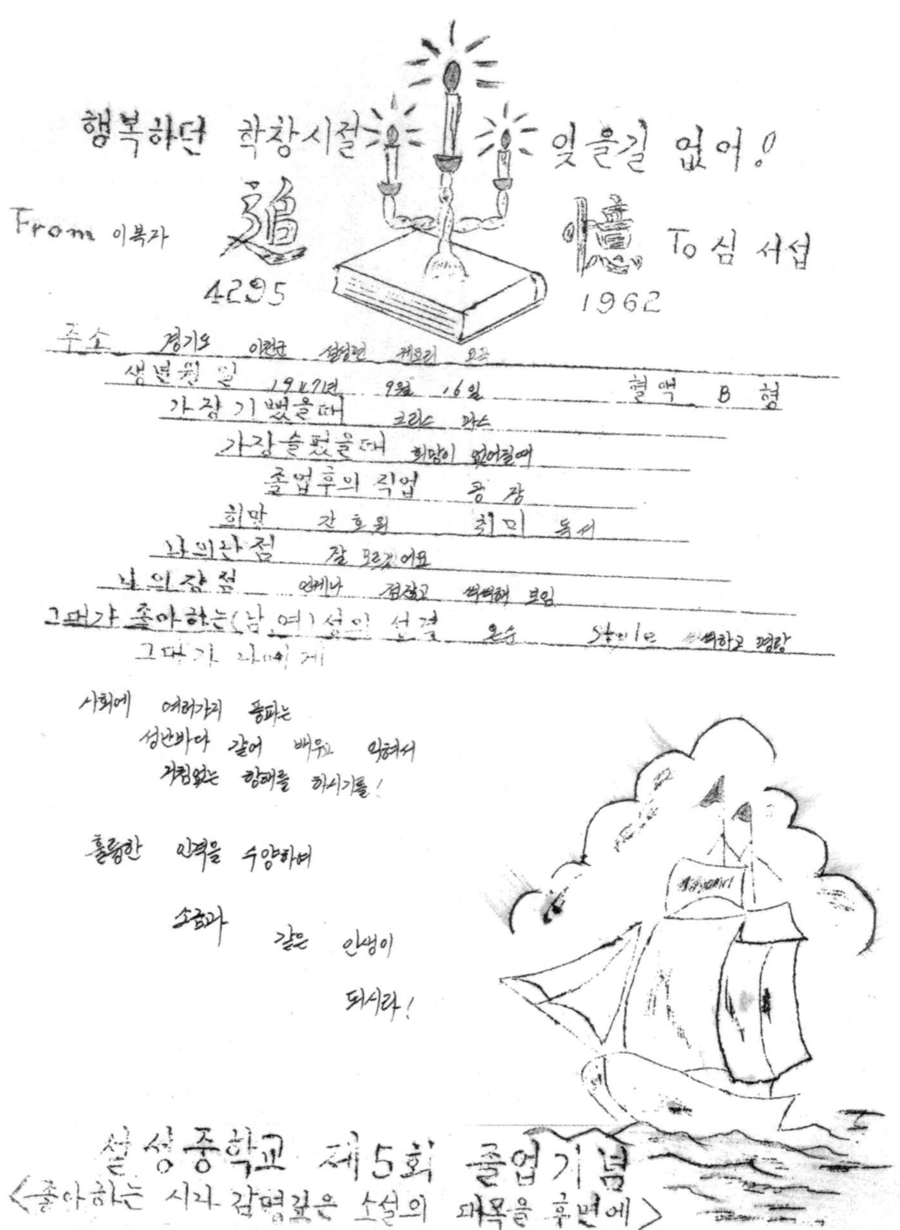

행복하던 학창시절 잊을길 없어!
From 이복자
追憶
To 심서섭
4295
1962
주소 경기도 이천군 설성면 제요리
생년월일 9월 16일 혈액 B형
가장 기뻤을때 크리스마스
가장 슬펐을때 희망이 없어질때
졸업후의 직업 공장
희망 간호원 취미 독서
나의 단점 잘 모르겠어요
나의 장점 언제나 점잖고 씩씩해 보임
그대가 좋아하는 (남, 여)성의 성격 온순 Style은 하고 명랑
그대가 나에게
사회에 여러가지 풍파는
성난바다 같이 배우고 익혀서
거침없는 항해를 하시기를!
훌륭한 인격을 수양하여
소금과 같은 인생이
되시라!
설성중학교 제5회 졸업기념
<좋아하는 시나 감명깊은 소설의 제목을 후면에>

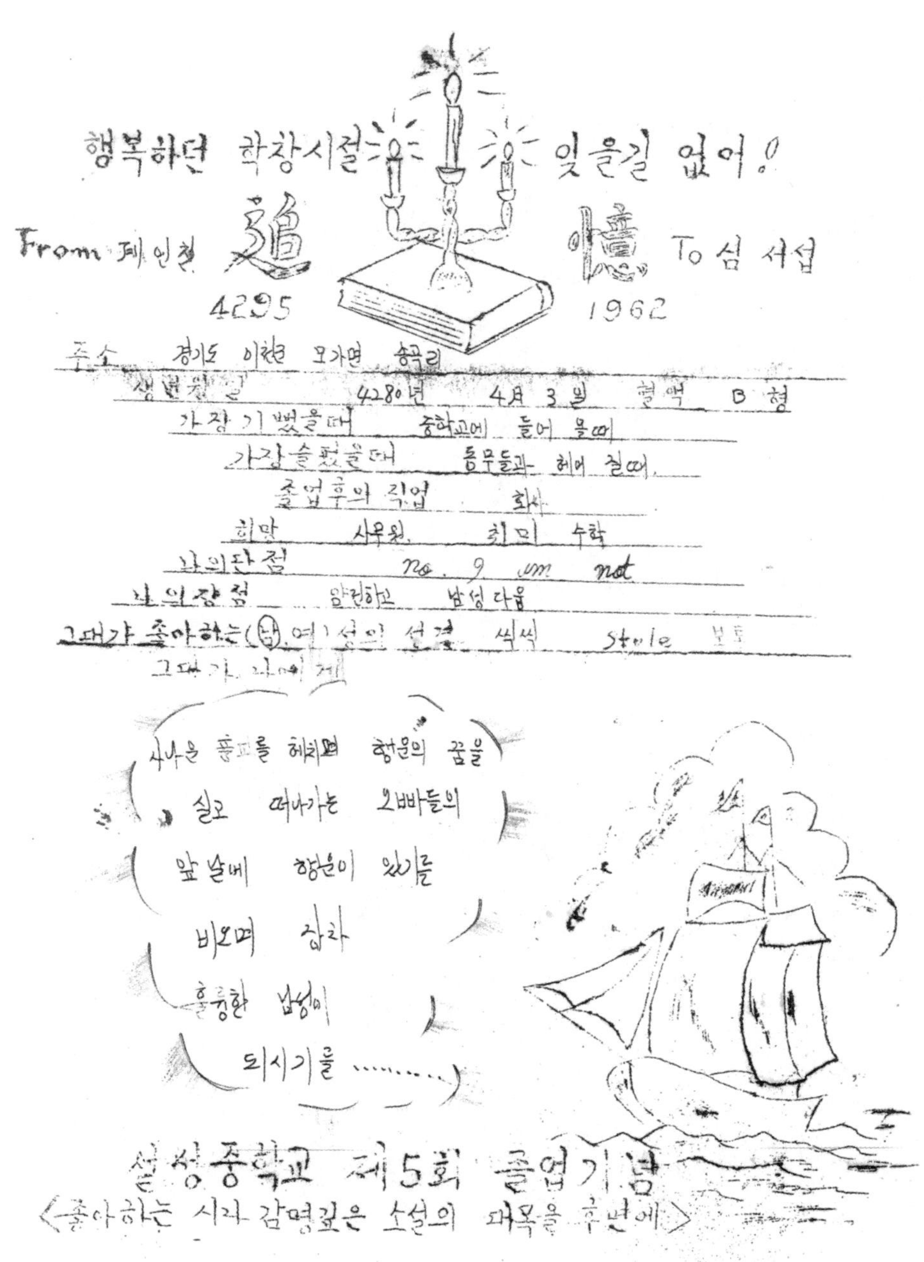

설성중학교 제5회 졸업기념

<좋아하는 시나 감명깊은 소설의 대목을 후면에>

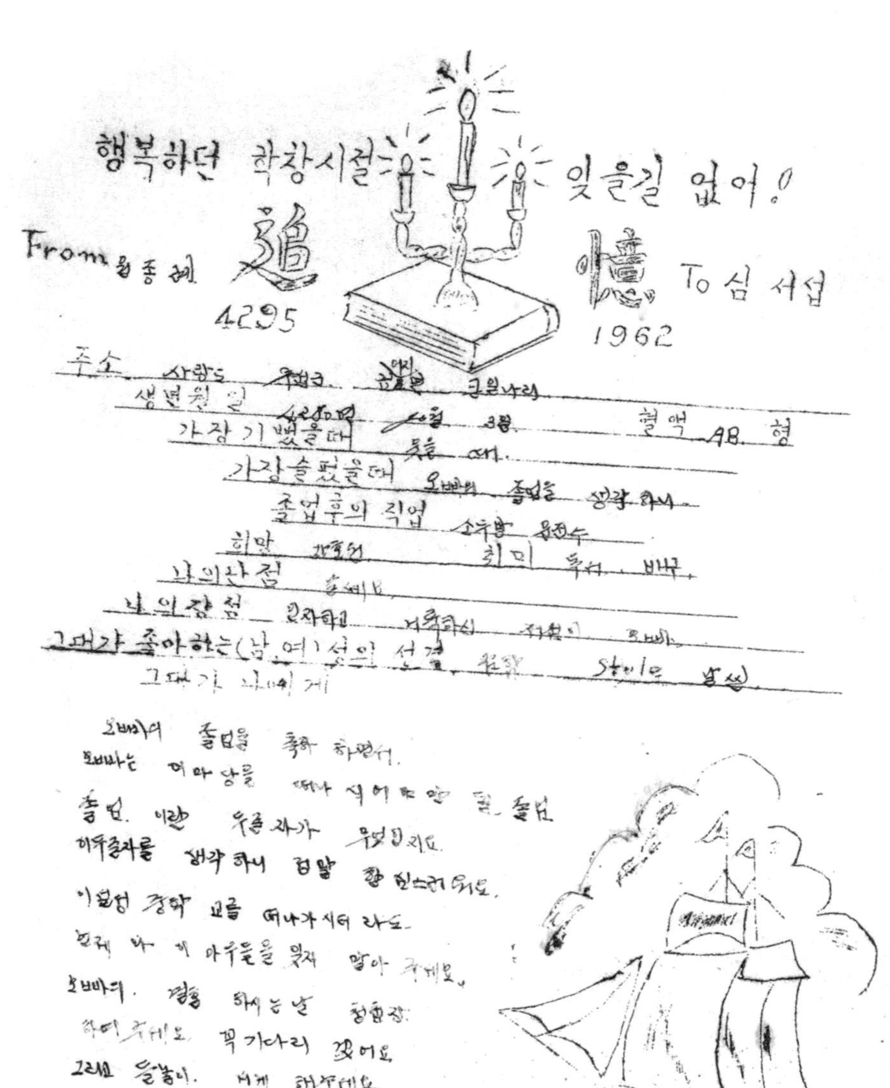

행복하던 학창시절 잊을길 없어!

From 追憶 To 심서섭

4295 1962

주소

생년월일 혈액 AB 형

가장 기뻤을때

가장 슬펐을때 오빠의 졸업을 생각하니

졸업후의 직업

희망 취미 독서. 배구.

나의 단점

나의 장점

그대가 좋아하는(남.여)성의 성격

그대가 나에게

오빠의 졸업을 축하 하면서.

졸업. 이란 두글자가

이두글자를 생각하니 참 원스러워요.

이 삼성중학교를 떠나가시더라도

오빠의 결혼 하시는 날 청첩장

하여 주세요. 꼭 기다리겠어요

사랑이란, 미련가요.

삼성중학교 제5회 졸업기념

<좋아하는 시나 감명깊은 소설의 제목을 후면에>